W0380732

1781

Tratschke fragt:
Wer war's denn nun?

Hoffmann und Campe

CIP-Kurztitelaufnahme der Deutschen Bibliothek

Tratschke:
Wer war's denn nun? [Lösungen in Spiegelschr.] /
Tratschke fragt. – 2. Aufl., 11.–20. Tsd. –
Hamburg, Hoffmann und Campe, 1980.
(Das kleine Geschenkbuch)
ISBN 3-455-07736-6

© Hoffmann und Campe Verlag, Hamburg 1974
Umschlag Jan Buchholz und Reni Hinsch
Gesetzt aus der Borgis Garamond-Antiqua
Gesamtherstellung Kleins Druck- und Verlagsanstalt
Printed in Germany

Inhalt

Tratschke – wer er ist, warum er fragt

Er ist verheiratet, lebt mit Frau und drei Kindern (Tochter, Sohn, Tochter) in einem Dorf bei Hamburg. Sein Haus (in, an und auf dem er ständig irgend etwas zu verbessern hat, besonders dann, wenn er eigentlich schreiben müßte) verläßt er nur ungern. Schon gar nicht, um auf irgendeine Party zu gehen. Er ist ein Party-Muffel, obgleich sein Hauptinteresse den Menschen gilt. Allerdings weniger den Lebenden als den Gestalten der Vergangenheit.

Nach dem Studium von Literaturwissenschaft und Geschichte schrieb er eine Geschichte der Menschheit, und zwar im Zeitungsstil: mit Schlagzeilen, Nachrichten, Leitartikeln, mit Reportagen, Rezensionen und Kritiken – ein Geschichtsbuch, aufgemacht wie ein Band gesammelter Zeitungen. Und während er so der Menschheitsgeschichte von 3000 v. Chr. bis ins 20. Jahrhundert einen neuen Anstrich gab, bemerkte er, daß nicht nur die altvertraute Fassade brüchig geworden war, sondern daß Fassade und Hintergrund an vielen Stellen längst nicht mehr übereinstimmten, ja manchmal nie übereingestimmt hatten. Da schrieb er ein Buch über Geschichtslügen, Fälschungen, Legenden, ihre Entstehung und Entlarvung.

Seitdem läßt ihn diese Diskrepanz von Fassade und Hintergrund, von Ansehen, Image und eigentlichem Kern nicht mehr los. Immer wieder spürt er sie auf, insbesondere bei den »Großen der Weltgeschichte«, den »Helden«, die für Generationen längst zu Denkmälern erstarrt sind. Erst aus der Nähe betrachtet, beim Lesen ihrer Briefe und Tagebücher, zeigt sich, daß auch sie ihre menschlich-kleinen Sorgen hatten, ihre alltäglichen Probleme und Ärgernisse, ihre Ängste vor Krankheit und Tod, ihre Komplexe und Eitelkeiten.

Wenn er das immer wieder darstellt – nicht etwa mit Anekdoten, sondern anhand von Tatsachen – dann nicht, um die »Helden« zu demaskieren, sie bloßzustellen, sondern um sie ganz einfach als Menschen zu zeigen. Auf diese Weise möchte er dazu beitragen, daß an die Stelle einer heroisierenden, letztlich unwahren Geschichtsbetrachtung eine menschlichere und gültigere gesetzt wird. Aber wer ist's denn nun, der in der ZEIT als Tratschke 225mal gefragt hat: Wer war's? (Antwort auf Seite 133.)

1 *Spielte leidenschaftlich gern Billard*

Erst der Dreiundsechzigjährige konnte sich ein eigenes Haus leisten. Er bezahlte es bar, von seinen Ersparnissen. Gespart hatte er immer, und auch als Hausbesitzer gab er nur für unbedingt notwendige Dinge Geld aus. Seine Einrichtung blieb bescheiden. Die Wände des Acht-Zimmer-Hauses wurden weiß gekalkt, die einzigen Möbel waren einige Tische, Stühle, ein kleines Kanapee, ein Bett, ein Kleiderschrank, eine Kommode. Im ganzen Haus hing nur ein Bild, ein Kupferstich, den ein Freund ihm geschenkt hatte. Auch seine Bibliothek blieb äußerst bescheiden. Fast alles waren Bücher, die man ihm geschenkt hatte. Schriften, die er für seine Arbeit brauchte, lieh er in der Universitätsbibliothek.

Das Haus, das er mit seiner Köchin und seinem Diener bewohnte, lag in einer ruhigen Nebenstraße. Ihm aber war es da noch nicht ruhig genug. Weil vom Stadtgefängnis häufig der Gesang der Gefangenen zu hören war und von einem Ausflugslokal manchmal Tanzmusik herüberklang, ließ er die Fenster immer geschlossen; Musik hielt er für eine »zudringliche« Sache und für überflüssig.

Täglich machte er einen Rundgang. Doch ging er immer allein, und zwar aus zwei Gründen: Er wollte während des Gehens nicht sprechen, das heißt, nicht den Mund aufmachen müssen, weil er fürchtete, sich dabei »Rheumatischen Affektionen« auszusetzen. Und er wollte sein Schrittempo nicht einem anderen angleichen müssen und dabei womöglich »in Transpiration« geraten.

Auf seine Gesundheit war er sehr bedacht, mußte es auch sein; denn er war zart, sogar schwächlich, übrigens nur 1,57 Meter groß. Die Brust war flach, ja eingefallen, und er klagte ständig über Schwierigkeiten beim Atmen und über Herzbeklemmungen. Er war äußerst sensibel, gegen manche Dinge allergisch; eine frisch gedruckte Zeitung löste bei ihm einen Schnupfen aus.

Um trotzdem gut über die Runden zu kommen, lebte er in einem sorgfältig eingehaltenen Ordnungssystem. Immer schlief er genau sieben Stunden. Um fünf Uhr morgens ließ er sich wecken. Bis gegen 13 Uhr arbeitete er. Dann gab es Mittagessen, zu dem er regelmäßig Gäste lud: mindestens drei, nie mehr als neun. Es gab drei Gerichte und pro Kopf eine halbe Flasche Wein. Seine Lieblingsspeisen waren Kabeljau, dicke Erbsen, Teltower Rübchen, Göttinger Wurst und Kaviar.

Die Mittagsrunde blieb bis 16 oder 17 Uhr zusammen. Für ihn waren dies Stunden der Entspannung, in denen er sich über alles mögliche unterhielt. Nur auf sein Fachgebiet ließ er sich da nicht ansprechen, schon gar nicht auf sein Werk, das als weltverändernd gilt. Nach dem Essen, das mit Käse, Butter und Früchten schloß, zog er sich zurück, um zu meditieren. Um sieben Uhr begann er seinen Spaziergang. Pünktlich um zehn (und nie später) lag er im Bett.

Als er noch kein eigenes Haus hatte, ging er abends häufig in ein Wirtshaus. Was ihn dorthin lockte, war das Billardspiel. Schon als Student hatte er leidenschaftlich gern Billard gespielt, zeitweise um Geld, und zwar so erfolgreich, daß von dem Gewinn ein französischer Sprachlehrer bezahlt werden konnte. Von zu Hause – er war der Sohn eines Handwerkers, das vierte von elf Kindern – konnte er finanziell kaum unterstützt werden. Der Vater hatte ihn studieren lassen, weil er als Schüler fast immer der Beste seiner Klasse war.

Zu seiner Familie hatte er ein sehr distanziertes Verhältnis. Indessen war er keineswegs ein einsamer Eigenbrötler: auf Gesellschaften war er gern gesehen, weil er ein amüsanter Unterhalter war (obgleich er eine leise Stimme hatte und sehr provinziell sprach).

Er starb, hochgeehrt und weithin anerkannt, im achtzigsten Lebensjahr.

Wer war's?

2 *Ungeheure Mengen gegessen und getrunken*

Er war überzeugt, eine Bombengesundheit zu haben, obgleich er wirklich nicht gerade gesund lebte. Wenn seine Frau ihn nachmittags spazieren schickte, ging er ins Gasthaus, aß dort dreißig bis fünfunddreißig Würstchen und kam gerade rechtzeitig zum Abendessen wieder nach Hause, wo er tat, als sei nichts gewesen.

»Ich mit meiner Bombengesundheit«, sagte er häufig. Und er rauchte sehr viel und hatte ein enormes Trinkbedürfnis. Nicht selten trank er an einem Abend mehrere Liter Limonade. Auch sein Alkoholkonsum war nicht gerade niedrig. Und dann das viele Essen.

Aber er arbeitete auch viel, täglich zehn bis zwölf Stunden, wenngleich nicht körperlich. Und selbst dann war er nicht frei. »Ich halt's ohne Arbeit nicht aus«, sagte er. Immer war er beschäftigt, und sei es mit Briefeschreiben. Wichtige Briefe schrieb er doppelt, weil er fürchtete, ein Brief könne verlorengehen. »Ich bin ein unverbesserlicher Ordnungsmeier«, sagte er, und einer seiner Biographen sagt: »Er konnte Eisenbahnfahrpläne auswendig und sagte komplizierte Umsteigeverbindungen auswendig her.«

Viel Sinn hatte er für Streiche, nicht nur in der Jugend, als er einmal in einem Kurpark das internationale Publikum durch Herausstrecken der Zunge und lautes Bellen verunsicherte und ein anderes Mal das Licht löschte, wozu er auf alle Laternenpfähle geklettert sein muß. In späteren Jahren spielte er einmal Stationsvorsteher und ließ einen Zug abfahren. Aber daß man ihn als »geisteskrankes Untier« bezeichnete, lag nicht an irgendwelchen Streichen, sondern daran, daß man das Ergebnis seiner Arbeit nicht akzeptieren wollte.

Vielleicht war sein ungeheures Essen, Trinken, Rauchen eine Art Protest gegen diesen Mangel an Verständnis, so wie der Zwanzigjährige sich in Protestkleidung zeigte, in Samtjacken, mit wilden Krawatten, mit Kalabreser. Damals litt er zeitweise unter Wahnvorstellungen, an Schlaflosigkeit, hatte Selbstmordgedanken und dann wieder Wutanfälle. Denn er kam aus der finanziellen Misere nicht heraus, obwohl die Eltern ihm halfen und der Vater ihm den letzten Pfennig schickte, ja sogar seine Taschenuhr für ihn versetzte. Damals wäre er fast abgerutscht. Aber dann fing er sich plötzlich und arbeitete ganz konzentriert, rauchte täglich nur drei Zigarren, trank nur ein Glas Bier, schwamm bei jedem Wetter im Fluß. Von da an bewältigte er ein unglaubliches Arbeitspensum.

Der Vierunddreißigjährige wurde Direktor. Es folgten Orden und Titel. Er sagte: »Dabei gibt's nur einen Titel – das ist Doktor, und nur einen Orden: die Rettungsmedaille.« Einen Doktortitel verlieh man ihm wenig später auch, den Doctor honoris causa.

Etwa zu jener Zeit adoptierte er zwei kleine Mädchen, weil seine Frau so oft allein war. Denn er war häufig unterwegs und arbeitete immer mehr. Es heißt, daß er sich in zehn Jahren keine drei Wochen Urlaub gegönnt hat. Einzige Entspannung war sein enormes Essen. Und nächtelanges Hocken (und Trinken) in irgendwelchen Kneipen mit irgendwelchen Leuten, denen er stundenlang Witze erzählte.

Der Einundvierzigjährige brach mitten während der Arbeit zusammen. Und nun zeigte es sich, daß es mit der »Bombengesundheit« nie so weit her gewesen war. Schon Jahre zuvor hatte er plötzlich Lähmungen gehabt, dann einen Herzinfarkt, außerdem Allergien und immer Angst vor der Dunkelheit. Er kam in ein Sanatorium, durfte keinen Alkohol mehr trinken, sollte auch nicht arbeiten, was er aber dennoch tat. Im Alter von dreiundvierzig Jahren ist er an den Folgen eines Herzinfarkts gestorben – allein, in einem Hotelzimmer, während er die Korrektur seines 138. Werkes las.

Wer war's?

3 *Auf der Bühne als rachsüchtige Blondine*

Von ihr ist immer sehr viel weniger die Rede gewesen als von ihrem Mann. Das ist zwar insofern nicht verwunderlich, als er sich durch eine konsequent betriebene Politik einen Namen gemacht hat und sogar in die Reihe der Unsterblichen aufgerückt ist, aber am Ende war sie es, die das auslöffeln mußte, was er sich und anderen eingebrockt hatte. Während er als der »große Befreier« in die Geschichte einging, dem man ein gewaltiges Denkmal setzte, zahlte sie mit dem Verlust der Freiheit und schließlich mit ihrem Leben.

Viel weiß man nicht von ihr, obgleich es Zeiten gab, da man sie sehr häufig auf der Bühne sehen konnte, das heißt ihr idealisiertes oder sonstwie verzerrtes Abbild. So zum Beispiel – in der Auffassung eines der berühmtesten Dramatiker – als rachsüchtige Blondine, die sich von dem schwarzhaarigen Gesandten eines Nachbarvolkes den Hof machen läßt, bis ihr Mann ihr klarmacht, was jener Gesandte wirklich von ihr will, nämlich nicht nur eine blonde Locke als Andenken, um die er sie auf Knien anfleht, sondern ihren ganzen blonden Skalp, damit seine Herrin daheim sich damit schmükken könne. Anfangs sträubt sie sich, ihrem Mann das zu glauben, und fragt, ob denn die Frauen jenes Volkes nicht auch hübsche Haare hätten. »Nein«, antwortet er ihr, »schwarze! Schwarz und fett, wie Hexen! Nicht hübsche, trockene, goldne so wie du!«

Und als sie sich immer noch ungläubig zeigt, erzählt er ihr, wie jüngst eine Frau ihres Volkes von Soldaten der Schwarzhaarigen behandelt worden sei: der wurde »nicht bloß vom Haupt hinweg das Haar, das goldene, die Zähne auch, die elfenbeinernen, mit einem Werkzeug auf offener Straße aus dem Mund genommen . . .« Sie faßt es kaum: »Was denn, in aller Welt, was machen sie . . . mit diesen Haaren, diesen Zähnen? . . . Auf welche Art gebrauchen sie die Dinge? Sie können doch die fremden Locken nicht an ihre eignen knüpfen, nicht die Zähne aus ihrem eignen Schädel wachsen machen?«

Ihr Mann jedoch, völlig gefangen in seiner eigenen Kriegs- und Greuelpropaganda, bestätigt eben dies: »Die schmutz'gen Haare schneiden sie sich ab und hängen unsre trocknen um die Platte! Die Zähne reißen sie, die schwarzen, aus und stecken unsre weißen in die Lücken!«

Doch aus der Welt der Bühne zurück in die Wirklichkeit: Man weiß, daß ihr Vater von solcher Kriegshetze nichts hielt. Er war für eine Politik des Friedens, der Verständigung mit den dunkelhaarigen Nachbarn und des Ausgleichs. Sein Schwiegersohn hingegen war für die Anwendung von Gewalt, und weil er dabei erfolgreich war und weil letztlich ja immer nur der Erfolg entscheidet, ist der mehr friedliebende, aber zunächst erfolglose Schwiegervater als »Verräter« in die Geschichte eingegangen.

Ob die Tochter – nicht die Bühnengestalt, sondern

die historische Person – den Standpunkt ihres Mannes geteilt hat, ist ungewiß. Gewiß ist nur, daß sie ihn, wie schon gesagt, teuer bezahlen mußte. Nachdem ihr Mann mit seiner Politik anfangs große Erfolge hatte, kam es später zu Racheakten der Dunkelhaarigen. Dabei geriet sie in Gefangenschaft. Zu jener Zeit war sie schwanger. Als Gefangene brachte sie einen Sohn zur Welt. Ein paar Jahre später ist sie, immer noch in Gefangenschaft, gestorben, und ihr in der Heimat lebender Mann, der seine Machtgelüste übertrieb, wurde von seinen Verwandten ermordet.

Wer war's?

4 *Bis zuletzt immer wieder Ärger mit Frauen*

»Ich bin der Politik müde und satt«, schrieb der Neununddreißigjährige seinem von ihm bestellten Nachfolger und fuhr zur Erholung in die Schweiz. Aber nicht nur die Politik und Verfolgung von Polizei und Staatsanwalt hatten ihn müde gemacht, sondern auch die Frauen. In den letzten Jahren hatte es da einigen Ärger gegeben, was indessen nicht verwunderlich ist, denn der Kreis seiner Freundinnen war nicht gerade klein. Während er mit einer zwanzig Jahre älteren (und recht wohlhabenden) Frau zusammenlebte, machte er einer seiner jüngeren Gefährtinnen ein Kind, verführte die Frau seines Verlegers, hatte zugleich eine Affäre mit einer anderen Dame der Gesellschaft und unterhielt Beziehungen zu einem Arbeitermädchen und zu einer Verkäuferin.

Ärger gab es, weil ein Freund jener Verlegersfrau eifersüchtig wurde und ihn zum Duell forderte. Er lehnte ab, mit der Begründung, er sehe im Duell ein bürgerliches Requisit, das gegen seine politischen Prinzipien verstoße. Daraufhin wurde er eines Nachts von seinem Herausforderer und dessen Freund überfallen. Zwar konnte er die beiden in die Flucht schlagen, aber der Zwischenfall kam an die Öffentlichkeit. Und nun dachte er seinerseits daran, seinen Gegenspieler zu fordern.

Aber zunächst bat er brieflich einen Freund um Rat:

»Ich habe das Duellieren stets als versteinertes Überbleibsel einer vergangenen Epoche angesehen und unvereinbar mit den Prinzipien der Demokratie. Doch wenn ich nichts unternehme, könnte man mich der Feigheit zeihen . . .« Der Freund sprach sich gegen ein Duell aus. Und er befolgte den Rat.

Wenig später lernte er jenes Mädchen kennen, das ihm zum Verhängnis wurde. Es kam aus guter Familie und war verlobt. Er sagte: »Wir fühlten, wir waren unser Schicksal.« Und das Mädchen schrieb ihm: »Ich will und werde Ihr Weib sein.«

Diesen Brief erhielt er, als er in der Schweiz war. Aber nicht nur den Brief. Die Schreiberin selber war von zu Hause fortgelaufen, hatte ihre Verlobung für gelöst erklärt, und wollte nun – wie sie es geschrieben hatte – von ihm geheiratet werden. Er aber wollte nicht, sondern schickte sie zu ihren Eltern zurück. Damit hätte die Geschichte zu Ende sein können, zumal das Mädchen ihm jetzt schrieb: »In tiefster Reue über die von mir unternommenen Schritte habe ich mich mit meinem Verlobten . . . ausgesöhnt und dessen Liebe und Verzeihung wiedergewonnen . . . Ich erkläre Ihnen freiwillig und aus voller Überzeugung, daß von einer Verbindung zwischen uns nie die Rede sein kann und daß ich mich von Ihnen in jeder Beziehung lossage . . .«

Aber jetzt kam es zum Skandal. Denn er fühlte sich zutiefst getroffen, ja beleidigt. Und maßlos übers Ziel hinausschießend, schrieb er in einem Brief an den Vater des Mädchens, sie sei » eine verworfene Dirne« und es könne deswegen nicht länger seine »Absicht sein«, sich »durch eine Heirat mit ihr zu entehren«, und er forderte für die ihm widerfahrenen Beleidigungen Satisfaktion.

Nicht der Vater nahm diese Herausforderung an, sondern der Verlobte. Das Duell fand an einem Spätsommertag morgens um sieben statt, in einem kleinen Wäldchen bei Genf. Man hatte vereinbart, so lange zu schießen, bis einer der Gegner fiel. Für jeden Schuß hatten die Duellanten 20 Sekunden Zeit. Nach nur zwei Schüssen war das Duell beendet. Er war von seinem Gegner, der unverletzt blieb, zwischen den Beinen getroffen worden. An dieser Wunde starb er drei Tage später, noch nicht vierzig Jahre alt.

Wer war's?

5 *»Glücklicherweise bin ich zäh und geduldig«*

Nachdem er die beste Schule seines Landes besucht hatte, ging der Zwanzigjährige in die Welt hinaus. Als Küchenjunge, später als Matrose lernte er die Häfen rund ums Mittelmeer kennen, auch einige an den Küsten Afrikas. Was er dort sah, konnte ihn in seiner von Kindheit an bestehenden Meinung nur festigen: »Die französischen Kolonialisten sind sehr grausam und unmenschlich«, schrieb er. »Es ist überall das gleiche . . .«. Und über den weißen Mann: »Wenn jemand eine weiße Haut hat, ist er automatisch jemand, der die Zivilisation bringt. Dann kann er die Handlungen eines Wilden begehen und bleibt doch der zivilisierteste Mensch.«

Um Englisch zu lernen, lebte er eine Zeitlang in London. Seinen Unterhalt verdiente er mit Hilfsarbeiten. Er begann als Schneeschipper. »Das war eine harte Arbeit«, erinnerte er sich später; »über und über mit Schweiß bedeckt, waren Hände und Füße trotzdem halb erfroren. Nach acht Stunden war ich völlig erschöpft und hungrig. Ich mußte aufgeben.«

Er war zwar zäh, aber nicht kräftig. Auch den nächsten Job, als Heizer, hielt er nicht durch: »Ich hatte nicht genügend warme Sachen, und deshalb erkältete ich mich. Ich mußte zwei Wochen aussetzen. Mit meinen Ersparnissen bezahlte ich die Miete, Brot, Butter und sechs Englischstunden. Es blieben noch sechs

Shilling und Sixpence. Ich lief in Soho umher, um eine neue Arbeit zu finden.« Er fand sie schließlich im Hotel »Carlton«, in der Küche, wo er zunächst nur beim Säubern und Sortieren des Geschirrs half, bald aber Hilfskoch wurde, und zwar in der Pastetenbäckerei.

In seinen freien Stunden las er viel Englisch. Nach einiger Zeit fuhr er wieder zur See, diesmal mit dem Ziel, Amerika kennenzulernen. Dann – inzwischen dreißig Jahre alt – ließ er sich in Paris nieder und arbeitete dort als Assistent eines Photographen, das heißt als Retuscheur. Da er Wert auf Formen legte, ließ er sich Visitenkarten drucken.

Viele Jahre später, in China, wurde ihm eine Visitenkarte, die ihn als Journalisten auswies, zum Verhängnis. Unter dem Verdacht, ein Spion zu sein, sperrte man ihn ein. Vierzehn Monate lang schleppte man ihn durch etwa dreißig Gefängnisse, an Händen und Füßen gefesselt, zeitweise mit anderen zusammengekettet. »Mein Haar ist grau geworden«, schrieb er in sein Gefängnistagebuch. »Ein ehrlicher Mann mit reinem Gewissen, wurde ich grundlos beschuldigt, ein Spion zu sein.«

Ganz grundlos war seine Haft aber doch nicht. Zwar war er kein Spion. Aber er hatte sich inzwischen politisch betätigt, und was er plante, gefiel einer Reihe von Leuten ganz und gar nicht. Als er schließlich zu den politischen Häftlingen kam, hatte er wenigstens ausreichend zu essen und wurde nicht mehr gefesselt. Und er konnte Gedichte schreiben:

»Mein Traum verflicht sich mit Trauer wie ein Strang aus tausend Fäden. / Unschuldig habe ich nun ein volles Jahr im Gefängnis gelitten. / Meine Tränen benutze ich als Tinte und verwandle meine Gedanken in Verse.«

Oder dieses:

». . . mager und düster wie ein ausgehungerter Dämon / bin ich von Krätze bedeckt. Glücklicherweise / bin ich zäh und geduldig, und ich weiche niemals einen Schritt. / Obwohl ich körperlich leide, ist mein Geist ungebrochen.«

Gleich zu Beginn seiner Haft hatte er geschrieben:

Der Körper ist eingesperrt,
aber der Geist entkommt.
Um Großes zu vollbringen,
muß der Geist weit und gelassen sein.

Nach seiner Freilassung proklamierte er die Unabhängigkeit seines Heimatlandes. Fast ein Vierteljahrhundert später ist er im Alter von neunundsiebzig Jahren gestorben. Zuvor hatte er bestimmt: »Man soll es vermeiden, nach meinem Tode große Beisetzungsfeierlichkeiten zu veranstalten, damit Zeit und Geld des Volkes nicht vergeudet werden.«

Wer war's?

6 *Für die Mutter war er ein Versager*

Fünfzehn Jahre war er alt, als sein Vater starb. Die Mutter, die von da an ihn und seine etwas jüngere Schwester allein erziehen mußte, war ängstlich und nervenschwach und dem Sohn nicht gewachsen, zumal er ihren gutbürgerlichen Begriffen von Wohlanständigkeit widersprach. Erschwerend kam hinzu, daß der Junge nicht wußte, was er werden sollte, und ziemlich ratlos in die Zukunft blickte.

Die Ungewißheit führte bei ihm zu einer schweren Nervenkrise, weswegen die Mutter den inzwischen Achtzehnjährigen in eine andere Stadt schickte, wo er sich unter dem Einfluß eines Schriftstellers innerhalb eines Jahres gut erholte. Kaum jedoch war er wieder daheim, war er von neuem ratlos und depressiv.

»Mein armer Sohn ist immer beinahe im gleichen Zustand«, schrieb die Mutter in einem Brief an jenen Schriftsteller, »eine schwermütige Anlage und eine unbezwingbare Unfähigkeit, eine regelmäßige Arbeit zu übernehmen, beibehaltend. Er ist traurig, oft für seine Gesundheit besorgt, dazu geneigt, sich als Gegenstand des Übelwollens der anderen zu glauben, bisweilen Hirngespinste in der Art seiner Gedanken zu schmieden. Er leidet, daß er kein Ziel und keine Karriere hat und keinen Entschluß fassen kann. Seltene Spaziergänge, Lesen und einige Stunden füllen seine Zeit aus, ohne seinem Leben den geringsten Erfolg zu geben.

Auch kann ich sagen, daß ich von ihm nichts mehr in dieser Welt erwarte.«

Daß sie nicht an ihn glaubte, ihn vielmehr schon aufgegeben hatte, machte seinen Zustand immer schlimmer. Schon bald entschloß er sich, in eine Nervenheilanstalt zu gehen, wo er dem behandelnden Arzt bekannte:

»Seit meiner Jugend glaubte ich mich fähig, etwas Eigenes zu leisten, etwas Besonderes und Vollkommenes, sei es in der Literatur, sei es in den Künsten, und um dieses Ziel zu erreichen, habe ich mich angestrengt, in mir das Verständnis und das Gefühl für das Schöne zu entwickeln, die einzigen Güter, die ich auf Erden schätze.«

Der Arzt notierte: »Der arme junge Mann träumt immer noch von Ehre, Ruhm und Unsterblichkeit auf Erden; er begeistert sich für überragende Geister und verschlingt ihre Schriften leidenschaftlich.«

Schon nach kurzer Zeit in der Nervenheilanstalt fühlte er sich frei von Depressionen. Nur zum Teil war das ein Erfolg der dortigen Behandlung; das Wesentliche war die Trennung von der Mutter; sie wirkte sich – wie schon beim erstenmal – positiv für ihn aus. Daß die Mutter (und mit ihr alle in seiner häuslichen Umgebung) ihn nur als Versager sah, von dem nichts mehr zu erwarten war, machte ihn ohnmächtig. Wirklich frei fühlte er sich erst nach dem Tod der Mutter; in einem Anfall von Schwermut machte sie ihrem Leben selber ein Ende.

Zu der Zeit war er Anfang dreißig. Und erst da fand er seinen Weg, der ihm Ruhm und Nachruhm einbrachte. Dabei ging es ihm, der von Kindheit an ein fast krankhaftes Gerechtigkeitsgefühl hatte, immer wieder um den Kampf zwischen Gerechtigkeit und Schicksals- und Gottesgewalten. Er war in dem Gedanken erzogen worden, daß ein Mensch schon in der Wiege, eh' er Gutes oder Böses getan, zur ewigen Seligkeit bestimmt oder der Hölle verfallen sei. Aber gerade diese unerbittliche und grausame Logik zweifelte er an. Und er kam zu der Einsicht: die Gerechtigkeit erfüllt sich, indem das Schicksal langsam aus der Schuld hervorwächst.

Erfüllte sich auch an ihm Gerechtigkeit, als Wahnvorstellungen ihn quälend heimsuchten? Der Siebenundsechzigjährige mußte wieder in eine Heilanstalt. Zwar gelang es, die drohenden Gespenster noch einmal zu verscheuchen, aber schöpferisches Denken war ihm fortan versagt. Von dieser Ohnmacht wurde erst der Dreiundsiebzigjährige durch den Tod erlöst.

Wer war's?

7 *Schülern seit langem ein Ärgernis*

Er muß sich über vieles geärgert haben – über den Staat, in dem er lebte, und dessen Regierung, auch (und ganz besonders) über jene, die den Staat sich so hatten entwickeln lassen, daß er ihm zumindest zeitweise als gefährliche Entartung erschien, dann über die Stadt, in der er wohnte, jene laute, turbulente Weltstadt, in der die Überteuerung von Grund und Boden schon vor Jahrzehnten dazu geführt hatte, daß die Häuser zu Hochhäusern wurden, bei denen es häufig zu Einstürzen kam, so daß aus Sicherheitsgründen wenigstens die Vorderhäuser nicht höher als 21 Meter gebaut werden durften.

Aber nicht solche Mißstände hat er angeprangert, nicht den Mietwucher, nicht die Ursachen für das immer größer werdende Proletariat. Dies alles – so scheint es – verstand er als Folgen eines sittlichen Verfalls, eines Dekadenzprozesses seines Volkes. Diesen Prozeß und mehr noch seine historische Entwicklung darzustellen und ihm auf diese Weise gegenzusteuern, machte er zu seiner Lebensaufgabe.

Er scheint nicht aus jener Stadt zu stammen, in der er lebte (obwohl sie ihm so zuwider war), sondern aus der Provinz. Mit Sicherheit läßt sich das allerdings nicht sagen, denn obgleich er durch sein Werk unsterblich wurde, ist über sein persönliches Leben nur äußerst wenig bekannt. Fest steht, daß er sich politisch betätigt hat; wie im einzelnen weiß man schon nicht mehr. Auch nicht, wie von einigen vermutet wird, daß er eine Zeitlang Offizier oder sogar Gouverneur gewesen sei. Nicht einmal, wie lange er gelebt hat, steht fest. Nur daß er verheiratet war.

Über sich selbst hat er so gut wie gar nichts berichtet. Desto mehr über andere. Dabei ist er, um sein Schema zu retten, seine pessimistische und zynische Meinung über seine Zeit, keineswegs immer objektiv geblieben, obgleich er eben dies – was später zu einem der meistgebrauchten Zitate wurde – versprochen hatte. Und sein Versprechen hatte zur Folge, daß die Rufmorde, die er begangen hat, erst entdeckt wurden, als es zu Ehrenrettungen fast zu spät war. Er hat sich nicht gescheut – oder hat er es wirklich nicht besser gewußt? –, einen der gewissenhaftesten und anständigsten Politiker als hinterhältigen, sittenlosen Intriganten darzustellen, ja, ihm sogar einen Mord in die Schuhe zu schieben.

Er wollte – so sagte er – »dafür Sorge tragen, daß tapfere Taten nicht vergessen werden und die Furcht vor der Schande erhalten bleibt, mit der die Nachwelt verworfene Worte und Handlungen bedenkt«. Viel mehr als tapfere Taten sah er Verdammenswertes. Gelobt hat er selten. Größtes Lob spendete er einem fremden Volk, weil es ihm – im Gegensatz zum eigenen – moralisch noch intakt zu sein schien. Und vor allem, weil es kriegerisch war, tapfer, treu, gehorsam: »Für faul und feige gilt, wer mit seinem Schweiß erwirbt, was er durch Blut gewinnen kann.« Er hielt das für vorbildlich.

Und als Vorbild stellte er auch die Auffassung über Frauen und Ehe dar, die bei jenem Volk herrschte: »Die Frauen leben in Zucht und Keuschheit, nicht verdorben durch lüsterne Schaustellungen oder verführerische Gelage . . . Ehebruch kommt . . . äußerst selten vor. Die Bestrafung erfolgt auf der Stelle und bleibt dem Gatten überlassen. Der schneidet der Ehebrecherin vor den Augen der Verwandten das Haar ab, reißt ihr die Oberkleidung vom Leib, jagt sie aus dem Haus und treibt sie mit Peitschenhieben durch das ganze Dorf. Eine Frau, die ihre Keuschheit preisgegeben hat, findet kein Erbarmen; nicht Schönheit noch Jugend oder Reichtum verschafft ihr einen zweiten Mann. Denn dort lacht niemand über Laster; verführen und sich verführen lassen, heißt dort nicht, dem Zeitgeist huldigen.«

Er muß sich, wie schon gesagt, in seinem Leben über vieles und viele geärgert haben. Lange nach seinem Tode und noch heute ärgern sich viele über ihn. Vor allem Schüler.

Wer war's?

8 *Es ist nichts besser, als beisammen zu sein*

Der Einundvierzigjährige schien plötzlich Behagen am Häuslichen zu finden, an Nestwärme, am Idyllisch-Gesicherten: »Wenn Ihr mich lieb behaltet«, schrieb er einem Freund, »wenige Gute mir geneigt bleiben, mein Mädchen treu ist, mein Kind lebt, mein großer Ofen gut heizt, so hab' ich vorerst nichts weiter zu wünschen.«

Er schrieb das jedoch von unterwegs, nicht von zu Hause, wo zwar sein Ofen gut heizte, es indessen doch so idyllisch nicht zuging, denn die Mutter seines Sohnes hatte ihre Stiefschwester, dann auch ihre Tante und für längere Zeit noch ihren Bruder zu ihm ins Haus geholt. Er hat diesen ganzen Clan manchmal als schwere Belastung empfunden, als Bedrängung, und seit der Geburt seines jetzt neun Monate alten Sohnes hatte es ihn für längere Zeit in die Ferne getrieben. Nun allerdings zog es ihn mit Macht heimwärts.

Zwei Jahre später verließ er Frau und Sohn wiederum für längere Zeit, da jedoch gezwungenermaßen, nämlich als Kriegsteilnehmer. Etwas wehmütig schrieb er nach Hause: »Es ist zu nichts nütze, daß man sich von denen entfernt, die man liebt; die Zeit geht hin, und man findet keinen Ersatz.«

Auch plagte ihn schon bald die Eifersucht: »Behalte mich ja lieb! Denn ich bin manchmal in Gedanken eifersüchtig und stelle mir vor, daß dir ein andrer besser gefallen könnte, weil ich viele Männer hübscher und angenehmer finde als mich selbst. Das mußt du aber nicht sehen, sondern mußt mich für den besten halten, weil ich dich ganz entsetzlich lieb habe und mir außer dir nichts gefällt . . .«

Und von dort, aus der Ferne, machte er ihr auch Versprechungen: »Wärst du nur jetzt bei mir! Es sind überall große breite Betten, und du solltest dich nicht beklagen, wie es manchmal zu Hause geschieht. Ach! mein Liebchen! Es ist nichts besser, als beisammen zu sein. Wir wollen es uns immer sagen, wenn wir uns wiederhaben.«

Auf dem Weg ins Kriegsgebiet hatte er die Gelegenheit wahrgenommen, nach langer Zeit seine Heimatstadt und seine dort lebende Mutter zu besuchen. Dreizehn Jahre hatte er die Mutter nicht gesehen, obwohl sie keine 250 Kilometer von ihm entfernt wohnte. Und erst jetzt berichtete er ihr von seiner Lebensgefährtin und seinem inzwischen fast dreijährigen Sohn. Sie nimmt es ihm nicht übel, nimmt die Nachricht vielmehr positiv auf, wie eigentlich alles, was ihren Sohn betrifft, weil sie auf ihn und seine Erfolge sehr stolz ist.

Aber alles macht sie dennoch nicht mit. Als er sie im nächsten Jahr bittet, ihrem Enkel ein ganz besonderes Spielzeug zu besorgen (das vermutlich nur in jener Stadt erhältlich war, in der sie lebte), nämlich eine Miniaturausgabe der Guillotine, da lehnte sie ab: »Solche infame Mordmaschine zu kaufen, das thue ich um keinen Preis! Was? die Jugend mit etwas so Abscheulichem spielen zu lassen – da wird nichts draus.«

Wer war's, der seinen vierjährigen Sohn mit einer kleinen Guillotine erfreuen wollte?

9 *»Sie stinkt wie ein Aas!«*

Sie war noch nicht siebzehn Jahre alt, als sie einem Mann verlobt wurde, der nichts von ihr wissen wollte. Damit begann für sie eine harte Zeit, wobei sie noch keineswegs alles zu hören kriegte, was man in der Familie ihres Zukünftigen über sie dachte. Die Schwiegermutter zum Beispiel sagte von ihr: »Sie ist eine ganz dumme Person. Auf alles, was man zu ihr spricht, antwortet sie mit einem Ja oder mit einem Nein und hat dabei ein albernes Lachen, daß einem schlecht vom Magen wird.«

Viel boshafter noch war die Bemerkung einer ihrer künftigen Schwägerinnen: »Eines Morgens wohnte ich ihrer Toilette bei. Ich glaubte zu ersticken. Sie stinkt wie ein Aas. Sie muß mindestens zehn bis zwölf Fisteln haben, denn das kann nicht mit rechten Dingen zugehen! Ich habe auch bemerkt, daß sie verwachsen ist. Die Schnürbrust an ihrem Rock ist auf einer Seite ausgestopft. Die eine Hälfte ist höher als die andere.«

Und ihr Verlobter beschrieb sie seinen Schwestern auch nicht gerade schmeichelhaft: weder schön noch häßlich, blondes Haar, eine frische Gesichtsfarbe, ein angenehmer Busen, tiefliegende Augen; der Mund ist häßlich, sie verzieht ihn geistlos beim Lachen und zeigt daher ihre schwarzen Zähne. Sie ist schlecht gekleidet und hat keine Lebensart, wagt nicht, die Augen aufzuschlagen, watschelt, den Bauch voran, wie eine Ente, ist im gesellschaftlichen Verkehr höchst befangen und daher gewöhnlich stumm. Und er schloß: »Es läßt sich voraussehen, daß diese Ehe sehr schlecht sein wird.«

Was immer gegen sie vorgebracht wurde, beruhte auf Vorurteilen. Sie mußte dafür büßen, daß er nicht verheiratet sein wollte. In einem Brief schrieb er: »Ich liebe das weibliche Geschlecht, bin aber flatterhaft, ich verlange nur den Genuß, und hinterher verachte ich es. Urteilen Sie selbst, ob ich aus dem Holze bin, aus dem man die guten Ehemänner schnitzt.« Und in demselben Brief des Zwanzigjährigen heißt es: »Ich bin in meinem Hause Herr, und meine Frau hat darin nichts zu befehlen . . . Ich halte den Mann, der sich von Weibern regieren läßt, für den größten Kujon von der Welt, unwürdig, den würdigen Namen eines Mannes zu führen.«

Spätestens bei der Hochzeit mußte sie einsehen, daß es ihm mit seinem Standpunkt absolut ernst war. Da hat er kaum von ihr Notiz genommen. Nach den Feierlichkeiten schrieb er seiner Lieblingsschwester »Gott sei Dank, es ist alles vorüber«. Nun, alles war denn doch nicht vorüber. Denn es heißt, er sei, nachdem er das geschrieben hatte, ins Brautbett gestiegen – für eine Stunde allerdings nur; dann habe er sich wieder angezogen und sei spazierengegangen.

Von da an lebte er von seiner Frau praktisch getrennt. In der ersten Zeit hatte sie wohl noch Hoffnung, daß das Verhältnis sich bessern möge. Da schickte sie ihm allmorgendlich ein Billett, in dem sie

»ihrem teuren Fürsten« alles Gute wünschte. Aber allmählich stellte sie das ein und führte ihr eigenes Leben. Sie war übrigens keineswegs dumm. Besonders interessiert war sie an Literatur.

Ihrem Mann, der sich über längere Zeit heftig für eine junge Tänzerin interessierte, begegnete sie nur selten. Manchmal vergingen Jahre zwischen seinen Höflichkeitsbesuchen. Ab und zu schrieb er ihr ein paar Zeilen, aber meist nur, um sie zur Sparsamkeit anzuhalten; mit dem geringen Gehalt, das er ihr ausgesetzt hatte, kam sie fast nie aus.

Noch im Alter liebte er es, sie zu demütigen. Als er sie einmal einer anderen Königin vorstellte, tat er das mit den Worten: »Hier sehen Sie meine alte Kuh, die kennen Sie schon.«

»Ihren teuren Fürsten« hat sie um gut zehn Jahre überlebt.

Wer war's?

10 *Sklave eines launischen Publikums*

Aus seiner Kindheit ist nur wenig bekannt: daß die häuslichen Verhältnisse einfach, ja dürftig waren; daß sein Vater, ein Kleinkrämer und Schankwirt, kaum lesen und schreiben konnte; daß er, der Junge, das Gymnasium mit der ständigen Angst besuchte, die Ausbildung infolge Geldmangels nicht vollenden zu können. Aber er hatte auch Glück: es fand sich ein Gönner, der die Begabung des Jungen erkannte und ihn förderte.

Durch Vermittlung seines Wohltäters übernahm der Zweiundzwanzigjährige eine Direktorenstelle. Sein Drang nach Unabhängigkeit war jedoch so stark, daß er die Stelle bald wieder aufgab. Inzwischen hatte er geheiratet, und es waren zwei Kinder gekommen, um die er sich kaum kümmern konnte, weil er gerade zu jener Zeit hart arbeiten mußte. Dann starb seine kleine Tochter. Nur ein Jahr später starb der Sohn. Und nach einem halben Jahr starb (an Hirnhautentzündung) auch seine Frau. Gerade in jenen Monaten mußte er etwas Komisches, Heiteres schaffen.

Dann lernte er eine Sängerin kennen, die ihm schrieb: »Viel bin ich nicht wert, aber ich habe den Wunsch, besser zu werden.« Das schrieb sie, weil sie von einem anderen Mann ein Kind erwartete. Sie schrieb ihm auch dies: »Auf menschlichen Schleichwegen des Glücks gibt es nur zwei Straßen, an die man sich zu halten hat: Das Leben mit einer Kugel im Kopf zu beenden – oder sich vor niemandem bis zur Feigheit zu erniedrigen.« Die Haltung imponierte ihm; später hat er diese Frau geheiratet.

In seinen Arbeiten war er sehr erfolgreich, und frühzeitig wurde er berühmt. Auch wohlhabend. Aber obwohl er frei arbeitete, fühlte er doch, wie abhängig er von vielem und vielen war. So bezeichnete er sich zum Beispiel als »Sklaven eines meist ignoranten, launischen und ungerechten Publikums«.

Wirklich frei scheint er sich nur dort gefühlt zu haben, wo dieses Publikum ihn nicht stören konnte, draußen auf dem Land. Dort hat er sich Grundstücke gekauft und Häuser, und dorthin zog er sich mit seiner Frau immer wieder zurück.

Nicht um auszuruhen! Denn auch da arbeitete er. Da züchtete er Pferde und Rinder, ließ er Bauernhäuser bauen, Bewässerungsanlagen einrichten, ließ Wege und Straßen ausbessern, ganze Landstriche aufforsten und sorgte für eine Modernisierung der landwirtschaftlichen Betriebe seiner zahlreichen Hintersassen auf Meierhöfen und Mühlen, deren Patronatsherr er war und für die er Dreschmaschinen und Dampfpflüge kaufte. Er, der als Kind armer Eltern auf einem Dorf aufgewachsen war, wollte erreichen, daß es der Landbevölkerung wieder besser ging, daß wenigstens aus »seinem« Dorf niemand mehr auswanderte in eine ungewisse Zukunft. Aus einer Hafenstadt schrieb er einmal:

»Von meinem Fenster aus sehe ich täglich ein Schiff,

manchmal zwei Schiffe, jedes überfüllt mit tausend Auswanderern. Elend und Hunger! Ich sehe auf dem Lande Bauern, Tagelöhner und Auswanderer, die noch vor ein paar Jahren Gutsbesitzer gewesen sind. Elend und Hunger!«

Soweit es in seinen Kräften stand, hat er versucht, Elend und Hunger zu mildern. Seinem Dorf stiftete er ein Hospital. Und den Musikern, mit denen er ein Leben lang zusammenarbeitete und denen er sich zutiefst verbunden fühlte, machte er kurz vor seinem Tode eine große Stiftung. In seinem Testament bedachte er noch viele andere: ein Armenasyl, ein Heim für Rachitiskranke, auch die Taubstummen einer großen Stadt, ebenfalls die Blinden. Und für junge Leute aus seiner Heimat schuf er die Möglichkeit, daß sie vier Jahre lang unentgeltlich Landwirtschaft studieren konnten.

Keine vier Wochen nach der Formulierung seines Testaments ist er, siebenundachtzigjährig, gestorben, zweieinhalb Jahre nach seiner Frau.

Wer war's?

11 *Sonntags einen Pfennig für die Spardose*

Eigentlich war er Linkshänder. Das muß schon den Vierjährigen überrascht haben; sonst hätte sich ein eigentlich belangloses Ereignis nicht so tief in sein Gedächtnis eingeprägt. Bei einem Sonntagsspaziergang begegnete die Familie dem Klassenlehrer des ältesten Bruders. Noch der Fünfundachtzigjährige erinnerte sich: »Ich gab ihm zur Begrüßung die linke Hand, was beim Lehrer Verwunderung, bei den Eltern Unwillen hervorrief.«

Wirkliche Schwierigkeiten hatte er, als er selber Schüler war: »Die ersten Schreibübungen auf der Schiefertafel verliefen noch glimpflich, konnte man doch mißglückte Buchstaben wieder wegwischen und neu schreiben. Als wir jedoch zu Schreibheften übergingen, hatte ich gleich am Anfang Pech. Ich machte einen dicken Tintenklecks, den ich nicht ausradieren konnte. Ergebnis: eine ebenso dicke Ohrfeige des Klassenlehrers. Im Schreiben war ich . . . nicht sehr geschickt; ich hätte es mit der linken Hand viel schneller gelernt. Deshalb habe ich es in den ersten Schuljahren auch nie über einen mittleren Platz unter den 45 bis 50 Schülern gebracht. In der Sexta kam ich aber dann ganz unerwartet auf den dritten Platz.« Und unter den ersten drei hielt er sich bis zum Abitur (mit seinen drei Einsen – in Turnen, Singen und Religion).

Seine drei Brüder und er wurden von den Eltern –

der Vater war Glasermeister und weitete seinen Betrieb ständig aus – zu großer Sparsamkeit angehalten. In den ersten Jahren bekamen sie jeden Sonntag einen Pfennig für ihre Spardose. Vom 14. oder 15. Lebensjahr an waren es pro Woche etwa 50 Pfennig. Außerdem konnten sie »Zucker sparen«: »Wir bekamen zwei Stück zum Kaffee; wenn wir nur einen nahmen, konnten wir das gesparte der Mutter zum Ladenpreis zurückgeben. Zum Geburtstag gab es fünf Apfelsinen; von diesen war für jeden der Brüder eine bestimmt, für das Geburtstagskind blieben also zwei.« Von weiteren Geschenken ist in seinen Memoiren nicht die Rede, nur davon, daß es an den Geburtstagsnachmittagen immer Schokolade mit Schlagrahm gab.

Bei ihm hat sich die Erziehung zur Sparsamkeit recht erfolgreich ausgewirkt. Zeitlebens verstand er es, mit geringen Mitteln auszukommen. Das gilt nicht nur fürs Finanzielle. Eines Tages – inzwischen war er Student – verliebte er sich in eine junge Dame und dichtete ihr einen Vierzeiler. Denselben Vierzeiler widmete er wenig später einer anderen. Da die beiden Angebeteten einander kannten, kam sein ökonomisches Verhalten bald heraus, jedoch ohne daß man es ihm verübelte.

Mit verhältnismäßig geringen Mitteln viel zu erreichen, das gelang ihm vor allem später, nachdem er sein Studium mit der Promotion zum Doktor der Philosophie beendet hatte. Weil das Gebiet, auf dem er forschte, noch wenig Anerkennung fand, mußte er sich viele Jahre lang mit primitivsten Mitteln behelfen, während seine Nachfolger mit Apparaten arbeiten, die Millionenbeträge verschlingen. Dennoch kam er zu Erkenntnissen, die die ganze Welt veränderten. Zu jener Zeit stand er im sechzigsten Lebensjahr.

Seine Entdeckung brachte ihm nicht nur Ruhm und höchste Auszeichnungen. Sie brachte auch Ärger, Konflikte, Mißverständnisse bei anderen; so wurde er von einigen zu einer Art Märtyrer emporstilisiert, von anderen – ebenfalls in Unkenntnis der wirklichen Begebenheiten – als Landesverräter beschimpft. Er hatte Mühe, das, was er wirklich getan hatte, auch im Bewußtsein der Öffentlichkeit auf das rechte Maß zurückzubringen.

Allen Ehrungen und Auszeichnungen zum Trotz, die ihm im Alter in ständig zunehmendem Maße zuteil wurden, blieb er immer sehr bescheiden. Sich selber mit Kollegen vergleichend, schrieb er einige Jahre vor seinem Tode: »Eigentlich war ich doch ein recht ›primitiver‹ Nobelpreisträger.«

Wer war's?

12 *Kontaktscheu und oft verdrießlich*

Er fühlte sich als ein »Mensch der Stimmungen« und bedauerte das. Ohne die entsprechenden Stimmungen, von denen er abzuhängen schien, fiel ihm nichts ein, konnte er nichts tun. Schuld daran gab er der Schule und den Lehrern, die ihn nicht an regelmäßiges Arbeiten gewöhnt hatten. Da war der Lateinlehrer, der mit der Erklärung einer einzigen Horazischen Ode wohl an die acht Tage zugebracht habe und dabei vom Hundertsten ins Tausendste gekommen sei; er habe über die Jugend geschimpft, über Billardspiel, über das Biertrinken, besonders über das Rauchen. Sein Wissen aber habe er nicht mitzuteilen verstanden. Und so waren sie angeblich alle, die Lehrer. Die Folge war, daß er ihnen und später auch allen Hochschullehrern eine grenzenlose Mißachtung entgegenbrachte.

Ob aber auch seine Stimmungsabhängigkeit auf das Konto der Lehrer geht, ist mehr als fraglich. Sie lag in der Familie. Auch die Mutter war so veranlagt, sehr nervös, sehr reizbar; in einem Anfall von religiösem Wahn nahm sie sich – da war er achtundzwanzig Jahre alt – das Leben. Gut ein Jahr zuvor war sein jüngster Bruder ebenfalls freiwillig aus dem Leben geschieden, indem er sich ertränkte. Und sein anderer Bruder litt unter Wahnvorstellungen und klagte sich fälschlich eines Verbrechens an, was zu komplizierten Verwicklungen führte. Er selbst litt unter der Neigung zu selbstquälerischer Grübelei; mit unheimlicher Schärfe sondierte er seine Psyche, seine Menschenscheu steigerte sich bis zur Gemütskrankheit.

In einem Abschiedsbrief hatte sein jüngster Bruder ihm die Mahnung hinterlassen, dafür zu sorgen, daß seine Kinder, falls er einmal heirate und Kinder haben würde, »nicht mir gleich werden«. Doch zu einer Heirat ist es nicht gekommen. Zwar war er verlobt, aber vor der entscheidenden Bindung schrak er immer wieder zurück. Der Dreißigjährige gestand einem Freund:

»Ich bin der Liebe nicht fähig. So sehr mich ein wertes Wesen anziehen mag, so steht doch immer noch etwas höher, und die Bewegungen dieses Etwas verschlingen alle anderen so ganz, daß nach einem Heute voll der glühendsten Zärtlichkeit leicht – ohne Zwischenraum, ohne besondere Ursache – ein Morgen denkbar ist der fremdesten Kälte, des Vergessens, der Feindseligkeit, möchte ich sagen. Ich glaube, bemerkt zu haben, daß ich in der Geliebten nur das Bild liebe, das sich meine Phantasie von ihr gemacht hat, so daß mir das wirkliche zu einem Kunstgebilde wird, das mich durch seine Übereinstimmung mit meinen Gedanken entzückt, bei der kleinsten Abweichung aber nur um so heftiger zurückstößt.«

Dahinter stand nicht allein die Scheu, das Schicksal eines anderen Menschen mit dem eigenen unsicheren Leben zu verbinden. Mindestens so entscheidend war seine Unfähigkeit, sich einem anderen Menschen gänzlich mitzuteilen: »Wie es Leute gibt, die ein übertriebenes körperliches Schamgefühl haben, so wohnt mir ein gewisses seelisches Schamgefühl bei. Ich mag den inneren Menschen nicht nackt zeigen.«

Seine kontaktscheue und oft verdrießliche Art schadete ihm auch in seiner Beamtenlaufbahn. Immerhin hatte er verständnisvolle Vorgesetzte, die ihm für seine »Nebenarbeiten« (die ihn schließlich berühmt machten) Zeit ließen, ihm nicht selten auch Sonderurlaub gewährten. Als alter Mann – immer noch verlobt – wurde er mit Orden und Auszeichnungen überschüttet. Verdrießlich notierte er:

»Die Huldigungen, die mir dargebracht werden, betäuben mich. Mir ist, als ob ein Wolkenbruch auf mich niederginge. Es ist viel zu spät. Der hundertste Teil von dem, was die Menschen mir jetzt so wohlwollend antun, hätte mich in jüngeren Jahren vollauf erquickt und mich zu dichterischer Arbeit aufgemuntert. Es sind nur die letzten Gnadenstöße, die man mir versetzt.«

Ein Jahr darauf ist er in den Armen seiner Verlobten gestorben, wenige Tage nach seinem einundachtzigsten Geburtstag.

Wer war's?

13 *In der Schule pornographische Zeichnungen*

Bei seinen Eltern stieß er fast immer auf Verständnis. Daß er in der Schule während des Unterrichts seine Hefte mit allen möglichen Zeichnungen füllte, mit – wie er sagte – »zahlreichen Madonnen, Magdalenen, Mädchen, Räubern etc.«, hat weder den Vater, der Musiklehrer war, noch die Mutter gestört. Erst eine spezielle Art von Darstellungen führte zu einem großen häuslichen Krach:

»Pornographische Zeichnungen kamen durch Zufall in die Hand meiner Mutter. Eine Frau mit einem Bauch voller Kinder, eine andere mit maßlosem Brustausschnitt. Meine Mutter beging das Unrecht, das moralisch zu nehmen und mir Vorwürfe zu machen.« Die Folge war, daß das Sexuelle ihn jetzt als etwas Verbotenes nur desto neugieriger machte. Schon der Dreijährige hatte davon geträumt. »Ein Traum zeigte mir die Geschlechtsteile des Dienstmädchens. Sie bestanden aus vier männlichen und glichen dem Euter einer Kuh.« Jetzt, nach dem Krach wegen der Zeichnungen, begann er, erotische Gedichte und Geschichten zu verfassen, die er aber immer bald vernichtete.

Im Alter von neunzehn Jahren verließ er das Elternhaus. Dem Berufsziel, zu dem er sich früh entschloß, setzten die Eltern keinerlei Widerstand entgegen. Nach ersten enttäuschenden Wochen der Ausbildung schienen ihm plötzlich andere Dinge, nämlich »Lebensfragen«, wichtiger. Darunter verstand er vor allem sexuelle Aufklärung. Er führte eine Liste über die Mädchen, die er kennenlernte. Einmal heißt es da: »Meine Bestrebungen, eine verfeinerte Sexualerfahrung zu gewinnen, in jenem einen Fall aufgegeben.«

Neben den letzten Mädchennamen auf der Liste schrieb er nur: »Abwarten«. Dieses Mädchen hat er später geheiratet. Sie war die Tochter eines Arztes, den er wegen nervöser Herzanfälle aufgesucht hatte, und der erst nach sieben Jahren seinen Widerstand gegen eine Verbindung seiner Tochter mit dem drei Jahre Jüngeren aufgab. Eigentlich hatte sie Pianistin werden wollen. (Es war nicht zuletzt die Liebe zur Musik, die die beiden miteinander verband.) Nach der Heirat verdiente sie Geld, indem sie unterrichtete. Er führte den Haushalt.

Nach gut einem Jahr wurde ein Sohn geboren, der später berichtet hat: »In einer bescheidenen Wohnung . . . mußte meine Mutter täglich von morgens bis in die Nacht hinein Klavierstunden geben, während mein Vater . . . den Haushalt . . . zu versorgen hatte. Die kleine Küche war sein Reich.« Dort entstanden auch einige der Arbeiten, die ihn berühmt werden ließen.

Der Ruhm kam spät. Er war da schon in den Vierzigern. Inzwischen war er eine Zeitlang beim Militär gewesen, wo er Flugzeuge anstreichen mußte und wo im übrigen sein Hauptinteresse dem Urlaub galt. Der

Fünfzigjährige hätte vom Erlös seiner Arbeiten gut leben können. Aber als er es so weit gebracht hatte, mußte er ins Exil gehen. Kaum hatte er sich da eine neue Basis geschaffen, als sich der Tod meldete; er kam als seltene, schleichende Krankheit, gegen die es kein Mittel gab. Es war eine Sklerodermie. Beim Tod seines Vaters sagte er zu seiner Frau: »Du wirst sehen, daß ich nicht lange überleben werden.« Wenige Monate später ist er im Alter von sechzig Jahren gestorben.

Sein Tod erregte nicht viel Aufsehen. Das lag nicht nur daran, daß die Welt zu jener Zeit wieder einmal mit Kriegführen beschäftigt war, es lag vor allem an ihm selber. Er hatte auch im Leben nie viel Aufsehen gemacht. Er war ruhig, bedächtig, zurückhaltend, er liebte Blumen, Vögel, Schmetterlinge und ganz besonders Katzen. Er sprach langsam und immer sehr leise, und er war am liebsten allein.

Die letzten Jahre seines Lebens kämpfte er um die Staatsangehörigkeit jenes Landes, in dem er zur Welt gekommen war. Als man sie ihm endlich gewährte, war er schon tot.

Wer war's?

14 *Nach seinem Tod sollte er verbrannt werden*

Er ist viel gewandert (und später folgten viele seinen Spuren). Aber er wanderte nicht als Tourist, sondern als politisch Verfolgter, als Verbannter und Vogelfreier, der immer und überall vor seinen Feinden auf der Hut sein mußte. Das hat ihn vorsichtig gemacht und seine Neigung zur Mystifikation, zu Täuschung und Verschlüsselung verstärkt. Und so ist es denn kein Wunder, daß sein Leben nur schwer greifbar ist; Legende und Geschichte, Fiktion und Wahrheit sind kaum noch auseinanderzuhalten.

Während sein Name und sein Werk – dies allerdings vielen nur dem Titel nach – in aller Welt bekannt wurden, blieben die Fakten seines Lebens weithin im Dunkeln. Nicht einmal sein Geburtsdatum ist gesichert. Man weiß, daß er sehr früh heiratete (beziehungsweise verheiratet wurde) und offenbar einige Jahre als Familienvater gelebt hat, obgleich eben dies recht schwer vorstellbar ist. Er hatte mehrere Kinder, mindestens vier, davon drei Söhne, die er nach seinen drei Lieblingsaposteln nannte. Intensiv betrieb er das Studium der Philosophie. Wahrscheinlich ist, daß er einmal an einem Feldzug teilnahm, doch scheint er als Soldat weder begeistert noch sonderlich mutig gewesen zu sein. Als Dreißigjähriger begann er, sich politisch zu betätigen. Und dann war er plötzlich – niemand weiß warum – enorm hoch verschuldet. Es ging um Millionenbeträge, und man weiß nur, daß er sie nie zurückzahlen konnte.

Als Politiker entwickelte er sich von einem leidenschaftlichen Demokraten zu einem ebenso leidenschaftlichen Anhänger der Monarchie. Das war vielleicht die Folge jener heftigen und zermürbenden Parteikämpfe, an denen er unmittelbar beteiligt war und die ihn eines Tages dahin brachten, sich von den Parteifreunden zu trennen, um – so sagte er – »für sich selbst Partei zu bilden«.

Seine aktive Beteiligung in der Politik endete für ihn – da seine Partei unterlag – mit einem Prozeß, in dem ihm unter anderem Widerstand gegen den Papst vorgeworfen wurde. Danach lebte er als Verbannter. Für den Fall unerlaubter Rückkehr in seine Heimatstadt wurde ihm der Feuertod angedroht. Nach mehr als einem Jahrzehnt bot man ihm die Heimkehr an, aber man forderte von ihm ein Schuldbekenntnis, eine Bußzeremonie und Lösegeld. Er lehnte ab. Daraufhin wurde er – in Abwesenheit – ein zweites Mal zum Tode verurteilt, diesmal durch Enthauptung. Das gleiche Urteil erging auch gegen seine Söhne. – »Wir sehen viele Menschen«, schrieb er, »die so niedrig gesinnt und gestaltet sind, daß sie kaum etwas anderes zu sein scheinen als Tiere . . .«

Noch sechs Jahre zog er von Ort zu Ort, arbeitete zeitweise als Sekretär, auch als Lehrer, und widmete sich im übrigen jenem Werk, das seinen Namen später so berühmt machte, bis er dann – erst fünfundfünfzig

Jahre alt – starb. Aber Ruhe fand auch der Tote noch nicht, der in der Verbannung beigesetzt worden war.

Acht Jahre nach seinem Tod forderten seine ehemaligen Gegner, daß seine Gebeine wieder ausgegraben und öffentlich verbrannt würden. Das wurde verhindert. Fünfundsiebzig Jahre nach seinem Tode erbaten die Bürger seiner Heimatstadt, die ihm nun ein Denkmal errichteten, seine Gebeine, um sie unter dem Denkmal feierlich zu bestatten. Ihre Bitte wurde abgewiesen. Und auch später wies man die wiederholten Bitten aus jener Stadt zurück. Inzwischen hatte sich herausgestellt, daß sein Sarkophag gar nichts enthielt. Vor gut hundert Jahren wurden seine Überreste wiederentdeckt, in einer hölzernen Kiste in einer Kirchenmauer. Mönche hatten sie da versteckt, weil sie ihre Auslieferung verhindern wollten. Zum sechshundertsten Jahrestag seines Todes fand er dann endlich seine Ruhe.

Wer war's?

15 *Oft neidisch, unzufrieden, schlecht gelaunt*

Ein junger Mann, nur fünf Jahre jünger als er, aber noch nicht so bekannt und angesehen, sagte später (als er selber der berühmtere von beiden war) über ihn: »Er vergällte sich und andern immerfort die schönsten Tage«, weil er allzu oft verdrießlich war und in solcher Laune immer nur alles tadelte; »man mochte sich anstellen, wie man wollte«. Das Aussehen dieses »gutmütigen Polterers« wurde von dem jungen Mann so beschrieben: Ein rundes Gesicht, eine bedeutende Stirn, eine etwas stumpfe Nase, einen etwas aufgeworfenen, aber höchst individuell angenehmen, liebenswürdigen Mund. Unter schwarzen Augenbrauen ein Paar kohlschwarze Augen, die ihre Wirkung nicht verfehlten, obgleich das eine rot und entzündet zu sein pflegte.

Mit dem entzündeten Auge entschuldigte der junge Mann die schlechte Laune des älteren. In der Tat machte diesem das Auge schon von Kindheit an zu schaffen. Seit seinem sechsten Lebensjahr litt er an einer Tränenfistel. Und jetzt hatte er sich entschlossen, das Übel chirurgisch beheben zu lassen. Von einem berühmten Professor sollte ein Einschnitt in das Tränensäckchen gemacht und auch der Nasenknochen durchbohrt werden. Aber die Angelegenheit erwies sich als sehr schwierig und war am Ende noch dazu erfolglos. Die künstliche Tränenrinne wollte sich nicht bilden, obwohl der Patient zwanzig Schnitte und etwa 200 Sondierungen (mit Pferdehaaren) über sich ergehen ließ. Kein Wunder, daß er sich zu jener Zeit nicht gerade guter Laune zeigte.

Aber nur an seinem Augenleiden lag es doch nicht, daß er so oft verdrießlich war. Der eigentliche Grund lag tiefer. Da waren übersteigerter Ehrgeiz, ständige Unzufriedenheit, Neid über Erfolge anderer, auch Selbstüberschätzung. Der Fünfundzwanzigjährige schrieb in sein Tagebuch: »Ich habe nichts auf der Welt, was ich sehe, daß Andere haben: Eine Ader für die Bequemlichkeit, wenige für die Wollust, nichts für den Geist. Was bleibt mir übrig als Wirksamkeit und Verdienst?«

Daß eben dies sich so rasch nicht einstellte, lag auch an seiner mangelnden Bereitschaft, sich anzupassen. Eine Stelle als Prinzen-Erzieher gab er auf, um nicht noch einmal »in Umstände zu kommen, wo ich wie z. E. heute zum Mittagbrot ohne Tischtuch oder Bedienten mir selbst unten das Salz erbetteln mußte«. Eine Universitätsprofessur schlug er aus, weil er es als Zumutung empfand, sich von seinen Mitprofessoren examinieren zu lassen. Und der Sechsundvierzigjährige meinte, wenn man nicht schmeicheln und Teller lecken wolle, bleibe nur eines, nämlich zu leiden.

Zu jener Zeit war er längst verheiratet, und zwar recht glücklich, und hatte schon eine große Kinderschar, die weiterhin wuchs und die Einkünfte aus seinem Amt und auch die Honorare aus freier schriftstellerischer Tätigkeit aufzehrte, was ihn nicht gerade fröhlicher machte. Seine Frau, der er bei der ersten Begegnung als »ein Himmlischer in Menschengestalt« erschien, hat viel alltäglichen Ärger von ihm ferngehalten. Und sie hat ihn in seinen Urteilen und Entscheidungen immer unterstützt. Seine körperliche Verfassung beschrieb sie so:

»Er hatte die glücklichste Organisation: einen kraftvollen, muskulösen Körper, voll Elastizität, blutreich . . ., eine breite, hohe Brust (nie hat er eine Brustkrankheit gehabt), aber er war von sehr zarten, reizbaren Nerven . . . Starke körperliche Bewegung war ihm bei dieser Konstitution ein unentbehrliches Bedürfnis. Er litt vorzüglich an Hämorrhoiden, an einem Druck in der rechten Seite, der Leber, und in den letzten zehn Jahren an der Gicht.«

Trotz jener »glücklichsten Organisation« und obwohl er im Essen, Trinken und Rauchen äußerst mäßig war, hat sein Leben, das er häufig als »verfehlt« bezeichnete (obwohl er es immer mehr unter den Aspekt der Humanität stellte), keine sechzig Jahre gewährt.

Wer war's?

16 *Mit Ärzten ziemlich schlechte Erfahrungen*

Von Ärzten hielt er nicht viel, schon gar nicht nach den Erfahrungen, die er als Mittvierziger machte. Nach einem Sturz auf einem Jagdausflug hatte er über längere Zeit Schmerzen im Knie, und ein Arzt riet ihm dringend, die Sache nicht auf sich beruhen zu lassen; er verschrieb ihm ein Salbenpflaster für die Kniekehle. Aber Besserung trat nicht ein. Im Gegenteil:

»Vier Stunden, nachdem ich das Pflaster aufgelegt und fest geschlafen hatte, wachte ich über heftige Schmerzen auf, riß das Pflaster ab, ohne seine Bestandteile von der schon wund gefressenen Kniekehle entfernen zu können. Der Arzt kam einige Stunden später und versuchte, . . . die schwarze Pflastermasse aus der handgroßen Wunde durch Schaben zu entfernen. Der Schmerz war unerträglich . . .«

Der Arzt gab dem Apotheker die Schuld. Aber der Apotheker, bei dem der Patient sich erkundigte, erklärte ihm, »der Hauptbestandteil der Salbe sei der Stoff gewesen, der zur Herstellung von sogenannten immerwährenden Spanischen Fliegen verwendet werde, und nach seiner Erinnerung sei derselbe allerdings in einer ungewöhnlich starken Dosis verschrieben gewesen«.

Wer nun der wahre Schuldige war, ließ sich nicht mehr nachweisen, zumal das Rezept unauffindbar blieb. Ermittlungen, die er über den Arzt anstellen ließ, ergaben, »daß er der Sohn des Universitätskonditors in Heidelberg war, als Student nicht gearbeitet und keine Prüfung bestanden hatte«.

Dem Patienten machte die fehlerhafte Behandlung noch allerhand Kummer. Jedenfalls heißt es in seinen Memoiren: »Die Salbe hatte eine Vene zerstört, und ich habe viele Jahre lang schwer daran gelitten.« Eines Tages, als er wieder einmal besonders heftige Schmerzen hatte, konsultierte er »einen berühmten Chirurgen«. Der riet zu einer Amputation. »Auf meine Frage, ob über oder unter dem Knie, bezeichnete er eine Stelle hoch darüber. Ich lehnte ab . . .« Und er tat gut daran, das Bein nicht amputieren zu lassen. Denn es kam auch so wieder in Ordnung.

Noch ein anderes Mal hat er sich über einen berühmten Arzt geärgert. Das war gut zwanzig Jahre später. Da erklärte ein Professor der Inneren Medizin ihn für unheilbar krank; er diagnostizierte Magen- und Leberkrebs. Es war eine Fehldiagnose. Jedenfalls hat er danach noch fast zwanzig Jahre gelebt, auch nach seiner Pensionierung noch überaus aktiv und immer darauf bedacht, seinen Besitz zu vermehren. Er hat es zum vielfachen Millionär gebracht.

Er handelte mit Vieh, mit Sprit (aus seinen sechzehn Brennereien), vor allem mit Holz aus seinen Forsten. Und hierbei scheute er sich nicht, sein Amt und seine Macht für private Zwecke nutzbar zu machen. Als einmal von Staats wegen Bauholz aus Amerika eingekauft werden sollte, schrieb er dem verantwortlichen Minister, er halte es für »bedenklich, das erfahrungsgemäß doch nur seit wenigen Jahren erprobte amerikanische Pitch-pine-, Yellow-pine- und Cypreß-Holz zu verwenden. Für die Haltbarkeit der heimischen Kiefern und Eichen spricht in unseren alten Gebäuden eine mehrhundertjährige Erfahrung.«

Die letzten Jahre seines Lebens verbrachte er übrigens unter der unmittelbaren Aufsicht eines Arztes. Zu diesem hatte er Vertrauen gefaßt, nachdem er seinem Sohn geholfen hatte, der an Übergewicht litt (wie er selber auch). Der Sohn wog als Achtundzwanzigjähriger 236 Pfund und litt an Gicht. Nach der ärztlichen Behandlung, die in strenger Diät bestand, wog er nur noch 176 Pfund, und der Bauchumfang hatte sich um fast achtzig Zentimeter verringert. Vor allem aber: die Gicht war zum Stillstand gekommen. Angesichts solchen Erfolgs war auch er bereit, sich von diesem Arzt strenge Diätvorschriften machen zu lassen.

Wer war's?

17 *In einem erbärmlichen Ausmaß schüchtern*

Was er wußte, hatte er sich selber beigebracht; die Schule scheint ihm nicht viel gegeben zu haben. Und so ist es denn kein Wunder, daß er am Schul- und Universitätssystem seines Landes kein gutes Haar gelassen hat: »Das ganze Erziehungssystem ist ein einziger Betrug. Am Ende ihrer zehnjährigen Ausbildung sind die Leute nicht einmal imstande, ihre eigene Muttersprache zu gebrauchen. Sie mögen vielleicht noch einigen physischen Mut im Sport erwerben, aber aller moralische Mut wird ihnen bestimmt ausgetrieben.«

Mit seinem eigenen moralischen Mut war es – zumindest in seinen jungen Jahren – auch nicht allzu weit her. Als Kind war er entsetzlich schüchtern, ja menschenscheu, woran er seinen Eltern die Schuld gab. Weil sein Vater ein Trinker war, lebten die Eltern äußerst zurückgezogen: »Ich kann mich nicht erinnern, daß wir seit meiner ganz frühen Kindheit jemals das Haus eines Verwandten betreten haben.« Und als der Vater das Trinken aufgab, war es »zu spät«, um die gesellschaftliche Situation zu retten; und so wuchs ich in furchtbarer Schüchternheit und völliger Unkenntnis dessen auf, wie man sich in Gesellschaft benimmt . . .«

Da seine Mutter von seinem Vater so sehr enttäuscht war, habe sie ihre ganze Zuneigung auf seine Schwestern konzentriert, während sie es ihm überlassen habe, für sich selbst zu sorgen, schrieb er einmal. Doch hat er – von seinem zwanzigsten Lebensjahr an – lange Zeit unentgeltlich bei seiner Mutter, die sich von ihrem Mann getrennt hatte und sich als Gesangslehrerin durchschlug, gewohnt und gelebt. Der fast Fünfzigjährige gab das auch zu:

»Ich war ein kräftiger und begabter junger Mann, in der vollsten Blüte meiner Jugend, und meine Familie, die damals in schwerer Verlegenheit lebte, bedurfte dringend meiner Hilfe. Statt dessen zog ich es vor, ihr zur Last zu fallen, und das war ... ungeheuerlich. Nun, ich schämte mich nicht, diese Ungeheuerlichkeit zu begehen. Ich warf mich nicht in den Kampf ums Dasein: Ich warf meine Mutter hinein.«

Er saß zwar nicht müßig in jenen Jahren, sondern war im Gegenteil ausgesprochen fleißig und produktiv, aber gänzlich ohne Erfolg. Damals hat er angefangen, die Armut zu hassen; er selber sprach später von seinem »lebenslangen Haß auf die Armut« und davon, daß er sein »ganzes öffentliches Leben der Aufgabe gewidmet habe, die Armut auszurotten und ihre Wiederkunft für immer unmöglich zu machen«.

Das Allheilmittel gegen die verhaßte Armut sah er in der Enteignung des kapitalistischen Privateigentums. Doch hinderte ihn dies nicht, eine reiche Frau zu heiraten und ausgesprochen bürgerlich zu leben. Inzwischen war er über vierzig und nicht mehr erfolglos. Seine ersten Erfolge hatte er als Redner, nachdem er seine Angst vor dem Reden (»Ich litt Todesqualen, die niemand ahnte«) mit großer Energie überwunden hatte. Zwölf Jahre lang war er einer der erfolgreichsten Redner für soziale Gerechtigkeit. Und dann hatte er auch auf jenem Gebiet Erfolge, auf dem er schließlich weltberühmt wurde.

Der Mittachtziger schrieb: »Ich hatte nie daran gedacht, daß es mir bestimmt sein könnte, das zu werden, was man einen großen Mann nennt: Ich war tatsächlich in einem erbärmlichen Ausmaß schüchtern.« In Wahrheit aber war er nicht nur schüchtern und – wie er selbst sagte – feige, sondern im letzten Grunde geistig hochmütig, dazu zäh und sehr ausdauernd. Und er hatte die Gabe, die Menschen zu durchschauen. Das war es, was ihn schließlich Erfolg haben ließ (für den er indessen alle akademischen und sonstigen Ehrungen – bis auf eine einzige – ablehnte).

Er starb im Alter von vierundneunzig Jahren, sieben Jahre nach seiner Frau (mit der er die Ehe angeblich nie vollzogen hatte). Seine Asche wurde mit der ihren vermengt und im Garten seines Hauses verstreut.

Wer war's?

18 *Versah seine Vorfahren mit Adelstiteln*

Lebensangst und mangelnde Selbstsicherheit prägten schon seine Kindheit. Der Vater war früh gestorben, die Mutter hatte wieder geheiratet; er mußte zur Großmutter und fühlte sich da abgeschoben, verraten, im Stich gelassen. Er wünschte, das Haus der Mutter und des Stiefvaters möge in Flammen aufgehen. Sogar Morddrohungen hat er in seinem Tagebuch notiert. Im Grunde zeigen sie nur seine grenzenlose Hilflosigkeit.

Gleichsam als Gegengewicht gegen den Stiefvater, für den er nur Haß empfinden konnte, machte er den vor seiner Geburt verstorbenen Vater fast zu einer mystischen Gestalt, indessen störte ihn dabei, daß der Vater nur ein Freisasse gewesen war. Deswegen bedachte er – auch später noch – seine Vorfahren freizügig mit Adelsprädikaten. Und noch etwas hat ihn zeitlebens gestört: der Hochzeitstag seiner Eltern; im Hinblick auf seine Geburt lag er zu spät. Deswegen hat er ihn vordatiert. Ihm war es wichtig, daß alles in einer festgefügten Ordnung seinen unverrückbaren Platz hatte, damit es unangreifbar blieb.

Auch er selber wollte unangreifbar sein. Als Schüler war er noch sehr ängstlich. Eines Tages aber verschaffte er sich in einer erbitterten Schlägerei Respekt. Von da an war ihm klar, daß es darauf ankommt, sich immer und überall restlos einzusetzen. Von da an hat er immer, wenn er sich angegriffen fühlte, bis zur völligen Niederlage seines Gegners zu kämpfen versucht. Mit allen Mitteln.

Im Lauf seines vierundachtzig Jahre langen Lebens ist er häufig angegriffen worden. Nach seinem Studium übernahm er, dreiunddreißigjährig, die Professur und Nachfolge seines Lehrers. Zwar las er – trokkener und ohne die Selbstironie des allgemein beliebten Vorgängers – anfangs vor ziemlich leeren Bänken. Aber das machte ihm nichts aus. Denn zehn Jahre zuvor waren ihm die wichtigsten Grundgedanken gekommen, Erkenntnisse, die eine Reihe von Naturerscheinungen erklärten. Und seine einstige Unsicherheit war in egozentrische Überheblichkeit umgeschlagen. Doch änderte das nichts an seiner Empfindlichkeit. Als ein Kollege ihm vorwarf, eine seiner entscheidensten Ideen plagiiert zu haben, war er zutiefst getroffen; diese öffentliche Kränkung hat er nie verwunden: noch zwanzig Jahre nach dem Tod jenes Kollegen konnte er von ihm nur mit großer Erregung sprechen.

Es kamen weitere Angriffe, von anderen. Wohl der schwerste von einem weithin anerkannten Philosophen. Er siegte über ihn – zumindest für seine Zeit – indem er ihn (wie alle Gegner aus seiner Generation) einfach überlebte. Auch in diesem Streit spielte die Frage der Urheberschaft eine entscheidende Rolle.

Weitere Angriffe gegen ihn berührten seine Intimsphäre. Der Junggeselle hatte eine Nichte in sein Haus genommen, in seine Obhut. Das junge Mädchen im Haus des Berühmten wirkte als anziehender Pol auf die

Gesellschaft jener Stadt, besonders auf die jungen Männer. Als er dann ein hohes und verantwortungsvolles Amt übernahm, erzählte man, er habe das weniger seinen eigenen Fähigkeiten als den Vorzügen seiner Nichte zu verdanken. Kein Geringerer als der junge Voltaire sorgte dafür, daß diese Version weite Verbreitung fand. Doch war er, der Betroffene, der sich gegen diesen Vorwurf nur ungeschickt verteidigt hatte, da nicht mehr unter den Lebenden.

Enttäuscht hatte der Alternde vom Lehrbetrieb Abschied genommen, enttäuscht darüber, daß die volle Wahrheit selbst einem Mann wie ihm verschlossen blieb; er verglich sich mit einem Knaben, »der am Rand des Meeres der Naturgeheimnisse niemals in die Tiefe vordringen kann«.

Zweifellos jedoch gehört er zu den Großen der Weltgeschichte. Sein Leben aber war alles andere als eine Idylle.

Wer war's?

19 *»Gott ist genau einen Meter groß«*

Seit Jahren spielt er mit dem Gedanken, sich einfrieren zu lassen. »Ich will dem Tod einen Streich spielen«, sagt er, »und während des nächsten Jahrhunderts drei-, viermal aus dem Heliumzylinder auferstehen.«

Im Zustand der Vereisung könnte er – und nur darum geht es ihm eigentlich – auch körperlich unsterblich sein. Daß er es in geistiger Hinsicht ist, daß er und sein Werk noch in Jahrhunderten im Bewußtsein der Menschen sein werden, daran hat er nicht den geringsten Zweifel. Und an diesen Gedanken hat er sich längst so sehr gewöhnt, daß er ihn kaum noch aufregt. Aber nach Jahrzehnten oder gar noch Jahrhunderten wieder leben, also essen, trinken, baden, lieben, auch schaffen, denken und meditieren zu können, das regt ihn auf.

Für ihn ist Leben in erster Linie: das festzuhalten, was er besitzt, was er produziert oder erworben hat. Das war schon in seiner Kindheit so. Er selber berichtet: »Meine ersten Lebensjahre waren von einer charakteristisch Freudschen Anomalie geprägt: der überstarken Lust, meinen Stuhl zu verhalten.« Und er erzählt, wie er, »rot, die Hinterbacken zusammenpressend und von einem Fuß auf den andern tretend«, durchs ganze Haus getanzt sei, bis er seinen »Schatz« endlich in einem Versteck abgelegt habe.

Später sind es dann andere Dinge, die er nicht hergeben will: »Mein Gold bewahren, mein Sperma zurückhalten . . .« Als Grund für sein Verhalten nennt er: »Eine mystische und im eigentlichen Sinn alchimistische Erotik.«

Über alles, was ihn betrifft, spricht er sehr offen. Genauer, er schreibt darüber. Alle paar Jahre veröffentlicht er ein Buch. (Indessen sind es nicht die Bücher, die ihn weltberühmt gemacht haben; noch auf einem anderen Gebiet ist er äußerst produktiv und sehr erfolgreich.) In seinen Büchern ist fast nur von ihm selbst die Rede. Er nennt sich selber einen Exhibitionisten, sagt aber zugleich, sein Exhibitionismus sei in Wahrheit nur ein Mittel, sich zu verstecken. Immerhin hat er Erfolg damit, so viel von sich und seinen Besonderheiten bloßzustellen. »Seit meiner zartesten Kindheit habe ich die schlimme Neigung, mich für etwas anderes zu halten als für einen gewöhnlichen Sterblichen. Auch das schlägt mir schon zum Vorteil aus.«

Er hält sich für den Größten, für ein Genie, und manchmal nennt er sich selber »der Göttliche«. Er meint, daß ihm nur wenig noch fehle für den Schlüssel zum All. Kein Wunder, daß er weiß, wie groß Gott ist, ganz genau in Zentimetern. Er sagt: »Gott ist eine Person. Gott ist ein Mann von erhabener Schönheit und genau einen Meter groß.«

Warum genau einen Meter groß? Er erklärt das so: »Gott ist dicht, gesammelt, kompakt, aus zusammengepreßter Materie gebildet, wahrhaft materielle Materie. Gott ist ein Nukleus von meisterlicher, unvorstellbarer Dichte; auf diese einzigartige Weise würde eine menschliche Gestalt von einem Meter Größe die Gesamtheit der Energien des Weltalls enthalten. Die Suche nach dem Metermaßstab . . . mitten in der Französischen Revolution wurde zur unbewußten Projektion des Maßes Gottes.«

Gefragt, woher er dies und vieles andere so genau wisse, verweist er auf geheimnisvolle »Informationen«, die er während seiner täglichen Mittagsruhe empfange (wozu er sich eigens »Antennen« hat wachsen lassen); »ich bin mir bewußt«, sagt er, »daß Gott mir Momentaufnahmen der Wahrheit schickt . . .«

Manche halten ihn ganz einfach für verrückt. Auch darauf hat er eine Antwort, nämlich den »ersten Wahlspruch« seines Lebens: »Der einzige Unterschied zwischen mir und einem Verrückten besteht darin, daß ich nicht verrückt bin!«

Wer ist's?

20 *Weil sein Chef ihm nicht sympathisch war . . .*

Manche halten sein Jahrhundert für die »gute alte Zeit«, in der es noch keine Leistungsgesellschaft gab, keinen Streß am Arbeitsplatz, sondern alles ganz gemächlich und gesichert zu sein schien. Sein Leben aber verlief nicht in gesicherten Bahnen, wenngleich keineswegs abenteuerlich, eher unauffällig. Abenteuerlich erscheint allenfalls die Liste der von ihm in Aussicht genommenen oder nur versuchten Berufe.

Anfangs stand fest, daß er Apotheker werden würde wie sein Vater. Aber da er von zu Hause kaum finanzielle Hilfe erwarten konnte – die Eltern hatten sich getrennt, nachdem der Vater mit Pferd und Wagen weit über seine Verhältnisse gelebt und im Spiel ein kleines Vermögen verloren hatte –, brachte er es da nur zum schlechtbezahlten Gehilfen und Angestellten.

Während seine Verlobte mehrere Jahre warten mußte, bis er sie heiraten konnte (und er mindestens zwei uneheliche Kinder in die Welt setzte und deswegen bei einem Freund ein Darlehen aufnehmen mußte), dachte er daran, Museumswärter zu werden oder Kondukteur bei der Eisenbahn. »Kannst Du mir nicht sagen«, schrieb er dem Freund, »warum ich zu gar nichts komme? Ich mache so geringe Ansprüche, und doch – selbst das Kleinste wird mir verweigert.« Er arbeitete dann (mit anfangs recht mäßigem Erfolg) für Zeitungen. Und als ihm eine Korrespondentenstelle zugesagt wurde, die er später auch bekam, nahm er das zum Anlaß für seine Heirat.

Die Ehe, aus der sieben Kinder hervorgingen, dauerte fast 48 Jahre, war aber nicht immer glücklich. Für die Verwandten seiner Frau war er der »berühmte Schwager, den niemand kennt«. Sie und auch seine Frau wollten nicht einsehen, warum er sich nicht ernsthaft um eine feste Anstellung bemühte. Zwar bewarb er sich manchmal, etwa als Sekretär für einen Gartenbauverein, als Lektor, als Redakteur, wieder als Korrespondent, als Bibliothekar, aber wenn er irgendwo unterkam, dann war es nie von Dauer. Er schlug sich mit Schreiben durch, mit Sprachunterricht, dachte zeitweise daran, in die Armee einzutreten, als Magazin-Inspektor oder Lazarett-Apotheker, arbeitete dann als Kriegsberichterstatter (wobei er einmal unter dem Verdacht der Spionage gefangen genommen wurde) und übernahm schließlich als Mittfünfziger die von vielen begehrte Stelle eines »Ersten Sekretärs der Akademie der Künste«. Endlich schien er finanziell gesichert, aber nach nur acht Wochen bat er – zum Entsetzen seiner Frau – um Entlassung. Der Grund: Sein Vorgesetzter war ihm nicht sympathisch.

»Man kann nicht gegen seine innerste Natur«, schrieb er, »und in jedes Menschen Herz gibt es ein Etwas, das sich, wo es mal Abneigung empfindet, weder beschwichtigen noch überwinden läßt. Ich hatte mich zu entscheiden, ob ich um der äußeren Sicherheit willen ein stumpfes, licht- und freudeloses Leben führen oder, die alte Unsicherheit bevorzugend, mir wenigstens die *Möglichkeit* heiterer Stunden zurückerobern wollte. Ich wählte das letztere, während meine Frau das erstere von mir forderte. Ich würde diese Forderung unendlich lieblos nennen müssen, wenn ich nicht annähme, sie hätte sich in ihrem Gemüt mit dem berühmten Alltagssatze beruhigt: ›Der Mensch gewöhnt sich an alles.‹ Dieser Satz ist falsch. Ich bin so unsentimental wie möglich, aber es ist ganz gewißlich wahr, daß zahllosen Menschen, alten und jungen, das Herz vor Gram, Sehnsucht und Kränkung bricht. Jeder Tag führt den Beweis, daß sich der Mensch *nicht* an alles gewöhnt. Ich, *ich* würde es nicht gekonnt haben . . .«

Die Entscheidung des Sechsundfünfzigjährigen war endgültig. Von da an tat er nur noch das, was ihm Freude machte, und bis zu seinem Tode (im neunundsiebzigsten Lebensjahr) schuf er ein umfangreiches Werk, das ihm Erfolg und Ruhm einbrachte. Seine Entscheidung nach dem Motto »Mir ist die Freiheit Nachtigall, den andern Leuten das Gehalt« – hat er nie bereut.

Wer war's?

21 *Spitäler schienen ihm Instrumente des Teufels*

Als Kind war er scheu und ängstlich. Stets fürchtete er, sich lächerlich zu machen, was vielleicht zugleich ein Grund für seine Gewissenhaftigkeit und Pünktlichkeit gewesen sein mag. Noch als Student fürchtete er, unangenehm aufzufallen – und sei es nur dadurch, daß er nicht korrekt angezogen war.

Am meisten aber fürchtete er sich davor, irgendwo reden zu müssen. Er brachte es einfach nicht fertig, auch nur wenige Sätze zu sagen, ohne hoffnungslos steckenzubleiben. Und das war ihm dann entsetzlich peinlich. Später jedoch konnte er vor Tausenden reden, und – so sagt es einer, der ihn oft gehört hat – »die Worte, die er äußerte, schwangen sich in die innersten Winkel unserer Hirne und Herzen und verursachten dort eine seltsame Gärung«.

Mit dreiundzwanzig Jahren hatte er sein Studium, das er unter recht schwierigen Bedingungen im Ausland durchführte, vollendet. Eine Zeitlang hatte er daran gedacht, Arzt zu werden. Später stand er dem ganzen Medizinbetrieb mit größtem Mißtrauen gegenüber. Da schrieb er zum Beispiel:

»Die medizinische Wissenschaft ist das konzentrierte Wesen der schwarzen Magie. Quacksalberei steht unendlich hoch über dem, was heute als ›hohe medizinische Schule‹ parodiert. Spitäler sind die Instrumente des Teufels, die er benutzt, um die Herrschaft über sein Reich aufrechtzuerhalten. Sie verewigen Laster, Elend, Erniedrigungen und wirkliche Sklaverei. Ich muß wirklich ganz von Sinnen gewesen sein, daß ich daran dachte, eine medizinische Ausbildung zu erwerben. Für mich wäre es eine Sünde, mich in irgendeiner Weise an den Greueln zu beteiligen, die in den Krankenhäusern vor sich gehen . . .«

Wie immer, wenn er eine Erkenntnis gewonnen hatte und sie für wahr hielt, zog er daraus praktische Konsequenzen: Er ließ sich und seine Familie nicht von Ärzten behandeln, nahm auch keine Medikamente, ließ sich nicht impfen und nicht spritzen, vielmehr kurierte er sich notfalls selber, und zwar mit Wasserkuren und Erdkompressen, mit Fasten und strenger Diät. Als sein jüngster Sohn auf die Welt kam, holte er keinen Arzt, sondern bewerkstelligte die Entbindung seiner Frau in eigener Regie. Nur als er an akuter Blinddarmentzündung erkrankte, ließ er sich zu einer Operation überreden. Der Zweiundfünfzigjährige veröffentlichte einen »Wegweiser zu Gesundheit«, um die Ergebnisse seiner Selbstversuche auch anderen Menschen zugänglich zu machen.

Nicht nur in der Medizin vertrat er eigenwillige Ansichten, sondern eigentlich überall. Und immer lebte er auch nach ihnen. Weil er überzeugt war, daß jemand, der zuviel ißt, dadurch einem anderen die Mahlzeit stiehlt, aß er immer nur äußerst wenig (übrigens niemals Fleisch). Und weil er meinte, daß alles, was man nicht selber herstellen kann, auch entbehrlich sei, führte er zusammen mit anderen Menschen über viele Jahre ein Leben der Einfachheit, das sich schon in der Kleidung ausdrückte. Seine Begründung:

»Die alten Weisen zeigten echte Einsicht in die Ordnung der Gesellschaft, als sie die materiellen Güter der Leute beschränkten. Der primitive Pflug, den es vielleicht seit fünftausend Jahren gibt, ist der Pflug des heutigen Bauern. Darin liegt die Rettung. Unter solchen Verhältnissen leben die Leute lange, und sie leben in verhältnismäßig viel größerem Frieden, als ihn Europa hatte, nachdem es die moderne Betriebsamkeit angenommen hatte. Ich fühle, daß jeder erleuchtete Mensch . . . diese Wahrheit lernen und befolgen kann, wenn er nur will.«

Immer mehr Menschen wurden auf ihn aufmerksam, immer mehr waren bereit, ihm auf seinem Weg zur Wahrheit zu folgen, auf diesem Weg persönlicher Opfer und Selbstüberwindung. Als er im Alter von achtundsiebzig Jahren von einem Fanatiker ermordet wurde, hatte er das Leben von Millionen Menschen geändert.

Wer war's?

22 *Vor allem ging es ihr um die Kinder*

Sie war vierzehn, als sie heiratete. Wegen ihres Aussehens, der schwarzen Augen, der klassisch-ebenmäßigen Gesichtszüge, der makellosen Zähne und des kastanienbraunen Haars nannte man sie »ein kleines Wunder«. (Sie war nur 150 Zentimeter groß.) Mit achtzehn bekam sie ihr drittes Kind, das erste, das am Leben blieb. Insgesamt wurden es zwölf, von denen vier nicht überlebten. Das letzte kam, wenige Monate bevor ihr Mann an Magenkrebs starb. Da war sie vierunddreißig. Von ihren acht Kindern, für die sie nun sorgen mußte, waren fünf noch nicht einmal zehn Jahre alt. Nur der zweitälteste Sohn – damals fünfzehnjährig – war für einen Beruf ausgebildet und konnte schon zum Unterhalt der Familie beitragen.

Auch als der Vater noch lebte, war es der Familie finanziell nicht übermäßig gut gegangen. Anfangs hatte der junge Ehemann – er war bei der Hochzeit achtzehn Jahre alt – noch studiert; als er seine Doktorprüfung machte (als Jurist), war gerade der zweite Sohn geboren worden. Nicht nur das Studium verschlang viel Geld; der Vater lebte eigentlich immer ein wenig über seine Verhältnisse, und der zweitälteste Sohn sagte später, daß »der Vater all sein Geld verzehrt hätte, wenn die Mutter ihm nicht Einhalt getan hätte«.

Seine Frau und er, deren Zusammenleben im übrigen ausgesprochen glücklich verlief, waren sich vor allem darin einig, ihren Kindern eine möglichst gute Ausbildung zukommen zu lassen.

Die Erziehung lag zunächst ganz bei der Mutter, und selbst an heutigen Gewohnheiten gemessen war sie erstaunlich modern. Die Mutter berichtet in ihren Erinnerungen, wie sie den Kindern ein großes Zimmer einrichtete – die ganze Familie wohnte zusammen mit Verwandten in deren Haus –, in dem sie unbehindert spielen, raufen, laut schreien und sogar die Wände bemalen durften. Mehr als modern war, daß sie ihre Kinder dazu anhielt, täglich zu baden und die Zähne zu putzen. Schon die Kleinen setzte sie aufs Pferd und ließ sie reiten, was auch sie selbst von Kindheit an gewohnt war. Und sie wollte, daß sie tapfer würden und nicht wehleidig. »Meine Schwiegermutter und mein Mann«, sagte sie später, »waren so nachsichtig gegen die Kinder, daß sie beim leisesten Weinen und Wehklagen herbeiliefen, um sie zu liebkosen. Ich meinerseits war streng oder nachsichtig, wie die Gelegenheit es erforderte.«

Als der zweitälteste Sohn, der vom Tod des Vaters erst Nachricht erhielt, als alles vorüber war, auf Urlaub nach Hause kam, fand er die Mutter erschöpft und abgehetzt. Sie hatte sogar ihren Beichtvater um Dispens vom Kirchenbesuch gebeten: »Ich glaube es ist Christenpflicht, täglich zur Kirche zu gehen; aber ich glaube nicht, daß die Kirche das von Menschen verlangt, die zu arbeiten haben oder Familienmütter sind.«

Diese Haltung war typisch für sie. Immer ging es ihr vor allem um ihre Kinder und um deren Fortkommen. Sie hatte durchaus Sinn für Karriere, und früh prägte sie ihren Kindern ein, daß es wichtig ist, eine »gute Figur« zu machen, gut aufzutreten. Selbst wenn man arm bleiben sollte, sagte sie, sei es besser, Mangel an Nahrung zu leiden und sich dafür eine hübsche Wohnung, einen schönen Anzug, ein gutes Pferd zu leisten.

Ihre Kinder blieben nicht arm. Vor allem ihr zweiter Sohn hat es weit gebracht, und durch ihn kamen auch die Geschwister und die Mutter zu Reichtum und Ansehen. Immer blieb sie Mittelpunkt der Familie. Als sie starb, lebten von ihren Kindern noch vier Söhne und eine Tochter, außerdem zehn Enkel, elf Enkelinnen, dreizehn Urenkel und vierzehn Urenkelinnen.

Wer war's?

23 *». . . und ruf mir zu: lebendig Toter!«*

Manche sagen, er habe Begegnungen nicht bestanden, Begegnungen mit bedeutenden Zeitgenossen. Tatsächlich fühlte er sich in ihrer Nähe – obwohl er sie suchte – unbehaglich, ja verunsichert. »Mit Ängstlichkeit offen« nannte ihn einmal ein Großer, dem er begegnet war, ohne ihn zu erkennen. Dieses seltsame Zusammentreffen erfolgte in der Wohnung eines anderen bedeutenden Zeitgenossen, der sich seiner – so schrieb er einmal – »wahrhaft väterlich« angenommen hatte. In einem Brief hat er diese Begegnung beschrieben:

Wie er, vom Gastgeber »freundlich begrüßt, im Hintergrund jenen Fremden kaum bemerkte, »bei dem keine Miene, auch nachher lange kein Laut etwas besonderes ahnen ließ«. Er wurde vorgestellt, und es wurde ihm auch der Name des anderen gesagt: »Aber ich verstand seinen Namen nicht.« Zu sehr blieb er auf den Gastgeber eingestellt, so daß er den anderen kaum grüßte; »kalt, fast ohne einen Blick auf ihn begrüßte ich ihn«. Als der Gastgeber dann für kurze Zeit den Raum verließ, und er mit dem Fremden allein war, nahm dieser ein »Journal vom Tisch, wo ich stand, blätterte . . . und sprach kein Wort. Ich fühlte es, daß ich über und über rot wurde . . .«

Zu jener Zeit war er Mitte zwanzig. In dem Journal, in dem der Fremde blätterte, war eine Arbeit von ihm erschienen. Vielleicht fürchtete er Kritik, vielleicht war ihm allein die Tatsache peinlich, daß ein Fremder Einblick nahm in etwas, was von ihm stammte, Einblick in sein Inneres. Damals schrieb er:

»Die Nähe der wahrhaft großen Geister und auch die Nähe wahrhaft großer selbsttätiger mutiger Herzen schlägt mich nieder und erhebt mich wechselweise, ich muß mir heraushelfen aus Dämmerung und Schlummer . . ., wenn ich nicht am Ende zu einer traurigen Resignation meine Zuflucht nehmen soll.«

Weil er nicht resignieren wollte, änderte er oft den Wohnsitz, nachdem er als erst Vierzehnjähriger das Haus seiner Mutter verlassen hatte. Nirgendwo hielt er es lange aus. Überall sah er sich abseits stehen, unverstanden, zurückgewiesen. Während er andere Menschen, eigentlich alle anderen in gesicherten Verhältnissen leben sah, fest verwurzelt in Tradition und Heimat, genügsam, zufrieden, freudig, fragte er: »Wohin denn ich?« und klagte: »So sitze ich zwischen meinen dunklen Wänden und berechne, wie bettelarm ich bin an Herzensfreude . . .«

Zwar fand auch er Freundschaften, auch Liebe – einer seiner Freunde widmete ihm ein Gedicht, in dem es hieß: »Dein Bild, Geliebter, tritt vor mich, / Und der entfloh'nen Tage Lust; doch bald weicht sie / Des Wiedersehens süßen Hoffnungen – / Schon malt sich mir der langersehnten, feurigen / Umarmung Szene . . .«, aber weder Freundschaften noch Liebe waren von Dauer. Die Liebe war noch dazu unglücklich: er verliebte sich in eine verheiratete Frau, die Mutter seines

Schülers – einige Jahre lang war er Hauslehrer –, und eben dieses Liebesverhältnis führte zu seiner Entlassung. Eine Zeitlang noch traf er die Geliebte heimlich an der Grenze ihres Gartens und tauschte Briefe mit ihr. In einem schrieb er:

»Täglich muß ich die verschwundene Gottheit wieder rufen. Wenn ich an große Männer denke, in großen Zeiten, wie sie, ein heilig Feuer, um sich griffen, und alles Tote, Hölzerne, das Stroh der Welt in Flamme verwandelten, die mit ihnen aufflog zum Himmel, und dann an mich, wie ich oft, ein glimmend Lämpchen, umhergehe, und betteln möchte um einen Tropfen Öl, um eine Weile noch die Nacht hindurch zu scheinen – siehe! da geht ein wunderbarer Schauer mir durch alle Glieder, und leise ruf' ich mir das Schreckenswort zu: lebendig Toter!«

Als er das schrieb, war er achtundzwanzig Jahre alt. Zwei Jahre darauf war er wirklich ein lebendig Toter; von da an lebte er noch dreiundvierzig Jahre in geistiger Umnachtung.

Wer war's?

24 *»Es gibt nichts in der Welt außer Jugend«*

Bereits als Siebenundzwanzigjähriger war er so berühmt, daß eine Vortragsreise, zu der man ihn nach Amerika eingeladen hatte, ein Riesenerfolg wurde. Einem Freund berichtete er: »Die Gesellschaft reißt mich in Stücke. Riesenempfänge, wunderbare Diners, Menschenmengen warten auf meine Kutsche. Ich winke mit behandschuhter Hand . . ., und man jubelt . . . Die Räume sind für mich überall mit weißen Lilien geschmückt. In den Pausen gibt es ›Schampus‹, und zwei Sekretäre helfen mir. Der eine schreibt mein Autogramm und beantwortet Hunderte von Briefen . . . Der andere, dessen Haar braun ist, schickt Locken seines eigenen Haares an die jungen Damen, die mich darum bitten; er wird zusehends kahl . . .«

Vielleicht hat er (was er eigentlich immer tat) etwas übertrieben, doch kann nicht bezweifelt werden, daß er Aufsehen erregte. Schon durch seine extravagante Kleidung. Über Kleidung, vor allem die der Damen, hat er in seiner Vortragsreihe auch ausführlich gesprochen. Kleidung sollte schön sein, sagte er, aber auch zweckmäßig. Und so bekämpfte er das Korsett, das Fischbeinmieder, den Reifrock, die Tournüre, und er empfahl den Damen, die Gewänder von der Schulter lose herunterhängen zu lassen. »Größere Gesundheit wäre die Folge, und somit auch größere Schönheit.«

Schönheit forderte er nicht nur für die Kleidung,

sondern ebenso für andere Dinge des täglichen Gebrauchs: für Möbel, Tapeten, Porzellangeschirr. Und da er meinte, ohne schöne Dinge nicht leben zu können, klagte er schon bald: »Ich werde von Ausgaben überwältigt.« Das Finanzproblem löste er als Dreißigjähriger. Da heiratete er eine reiche Frau. Allerdings hat er sie nicht – was später oft behauptet wurde – wegen ihres Geldes geheiratet, sondern weil sie schön war und weil er sie liebte. Und noch mehr liebte er die zwei Kinder, die aus dieser Ehe hervorgingen, zwei Söhne, die er verwöhnte und denen er immer neue Geschichten erzählte.

Der Mittdreißiger war nicht mehr als Vortragsredner berühmt, sondern wegen anderer Arbeiten. Darin ging es indessen auch wieder um die Schönheit. Und um die Verherrlichung der Jugend. »Jugend ist das einzige, was sich zu besitzen lohnt«, sagte er; »es gibt absolut nichts in der Welt außer Jugend.« Früh zeigte sich seine Furcht vor dem Altern, die immer größer wurde. Er selbst ist nicht alt geworden; als er (nach einer Operation am Ohr) starb, war er sechsundvierzig Jahre.

Eigentlich war er schon einige Jahre zuvor gestorben oder anders gesagt – zerbrochen worden. Er war gescheitert an jener Gesellschaft, der er zwar immer nachgelaufen war, die er jedoch ständig kritisiert und verspottet, ja angegriffen hatte, weil sie den einzelnen darin hindere, sich zu entfalten. »Das Ziel des Lebens ist Selbstentfaltung«, sagte er; »das eigene Wesen vollkommen zu verwirklichen – das ist es, wozu jeder von uns hier ist. Die Leute fürchten sich heutzutage vor sich selbst . . . Der Schrecken vor der Gesellschaft, der die Basis aller Moral ist, und der Schrecken vor Gott, der das Geheimnis aller Religion ist – dieses sind die beiden Dinge, die uns beherrschen. Und doch . . . glaube ich, wenn ein Mensch sein Leben völlig und vollkommen auslebte, jedem Gefühl Gestalt verlieh, jeden Gedanken ausdrückte, jeden Traum verwirklichte – dann würde die Welt solch einen frischen Freudenimpuls gewinnen, daß sie all die mittelalterlichen Krankheiten vergäße und zu dem hellenistischen Ideal zurückkehrte – vielleicht sogar zu etwas Feinerem, Reicherem als dem hellenistischen Ideal.«

Als er dies für sich wahrzumachen versuchte, ohne Rücksicht auf die Gesellschaft und ihre Gesetze, wurde er verurteilt – zu Gefängnis und Zwangsarbeit. Schlimmer für ihn war, daß die Gesellschaft ihn ausstieß, ihn völlig isolierte, ihn, der ohne sie nicht leben konnte.

Wer war's?

25 *Sein größter Wunsch war ein Fahrrad*

Fast zehn Jahre waren seine Eltern schon verheiratet, als er endlich auf die Welt kam. Er war nicht ihr erstes Kind; vor ihm waren vier Töchter gekommen – zur Enttäuschung der Eltern, die sich von Anfang an so sehr einen Sohn gewünscht hatten. Bei der Mutter war dieser Wunsch so stark gewesen, daß sie sich von einem Arzt einreden ließ, daß das nächste Kind ganz bestimmt ein Junge sein müsse. Als dann jedoch an dem errechneten Datum nichts geschah, gar nichts, und sie sich dann von einem Arzt untersuchen ließ, stellte dieser fest, daß sie überhaupt nicht schwanger war. Und wenig später stellte sich heraus, daß jener Arzt, der ihr die Schwangerschaft eingeredet hatte, in Wahrheit gar kein Arzt war, sondern ein Hochstapler. Als es dann zwei Jahre nach jenem enttäuschenden und beschämenden Ereignis doch noch zur Geburt eines Jungen kam, war die Freude nur um so größer.

Aber schon bald sollte sie von einer mindestens ebenso großen Sorge überschattet werden. Es kam der Verdacht auf, daß der Junge an einer seltenen, aber unheilbaren Krankheit litt. Einer der behandelnden Ärzte hat berichtet, wie er das Kind mehrmals nach besonders heftigen Einwirkungen der Krankheit untersuchen mußte, wie es vor Schmerzen stundenlang schrie und vor Angst niemanden an sich heranlassen wollte, weil die geringste Berührung, die kleinste Veränderung der Lage die Schmerzen noch steigern würden. Oft waren die Schmerzen so stark, daß nicht einmal morphiumhaltige Mittel Linderung brachten. Aber wenn sie schon kaum gegen die Schmerzen etwas ausrichten konnten, ihren Ursachen standen die Ärzte vollends mit leeren Händen gegenüber.

Um so erstaunlicher war es, daß ein Mann ihm helfen konnte, obwohl er ebenfalls mit leeren Händen kam und obwohl er kein Mediziner war. Er sprach nur mit dem kranken Jungen, berührte ihn ganz leicht mit den Händen. Und der Junge beruhigte sich sofort und entspannte sich. Viele sprachen von einem Wunder.

Die eigentliche Krankheit konnte allerdings auch dieser Wunderheiler nicht beheben. Um sie möglichst gar nicht erst zur Wirkung kommen zu lassen, mußte der Junge sehr vorsichtig leben. Deswegen wurde ihm sein größter Wunsch, den er über mehrere Jahre hatte, nicht erfüllt. Dieser Wunsch war ein Fahrrad. Man fürchtete, er könne mit dem Fahrrad stürzen.

Mehrmals schien es, als würde der Junge an seiner Krankheit sterben. Aber dann kam der Tod auf eine ganz andere Weise. Eines Tages – der Junge war inzwischen dreizehn Jahre alt – kam der Vater zu ihm ins Zimmer und sagte, es habe sich etwas ereignet, was es ihm möglich mache, sich viel mehr als zuvor um ihn, seinen Sohn, zu kümmern. Was sich ereignet hatte, wußte der Junge bereits; sein Lehrer hatte es ihm gesagt.

Tatsächlich hatte der Vater von nun an mehr Zeit für

sein Privatleben und konnte endlich sein, was er immer schon hatte sein wollen: ein Familienvater. Vor allem aber lebte er jetzt für seinen Sohn. Zusammen mit ihm sammelte er Brennholz, legte einen Gemüsegarten an, suchte Pilze. Und wenn der Sohn infolge seiner Krankheit nicht gehen konnte, trug der Vater ihn. »Niemand trägt mich so gut wie Papa«, sagte der Junge.

Eines Abends wurde er vom Vater aus dem oberen Stockwerk des Hauses in den Keller getragen, nicht freiwillig; die ganze Familie mußte in den Keller. Dort standen Stühle, an der Wand gegenüber der Tür. Sie mußten sich setzen. Der Vater setzte den Jungen neben sich und hielt den Arm um ihn gelegt. Der Mann, der sie in den Keller befohlen hatte, holte noch neun Männer, und plötzlich zog er eine Pistole hervor und schoß. Erst auf den Vater. Dann auf den Sohn, auf den er zweimal schießen mußte, während die anderen Männer auf die Mutter und die Töchter schossen.

Als der Junge auf diese Weise mit seinen Eltern und Schwestern erschossen wurde, war er nicht ganz vierzehn Jahre alt.

Wer war's?

26 *Reichtum hielt er für Diebstahl*

Vor allem um menschenwürdige Verhältnisse ging es ihm. Ihre Realisierung schien ihm sogar die Anwendung von Gewalt zu rechtfertigen. Der Zwanzigjährige schrieb seinen Eltern:

»Meine Meinung ist die: Wenn in unserer Zeit etwas helfen soll, so ist es Gewalt . . . Man wirft den jungen Leuten den Gebrauch der Gewalt vor. Sind wir denn aber nicht in einem einzigen Gewaltzustand? Weil wir im Kerker geboren und großgezogen sind, merken wir nicht mehr, daß wir im Loch stecken mit angeschmiedeten Händen und Füßen und einem Knebel im Munde. Was nennt Ihr denn gesetzlichen Zustand? Ein Gesetz, das die große Masse der Staatsbürger zum fronenden Vieh macht, um die unnatürlichen Bedürfnisse einer unbedeutenden und verdorbenen Minderzahl zu befriedigen? und dies Gesetz, unterstützt durch eine rohe Militärgewalt und durch die dumme Pfiffigkeit seiner Agenten, dies Gesetz ist eine ewige, rohe Gewalt, angetan dem Recht und der gesunden Vernunft, und ich werde mit Mund und Hand dagegen kämpfen, wo ich kann.«

Wenig später hat er seinen Kampf begonnen, den Kampf gegen die Unterdrücker, gegen die Reichen. Reichtum hielt er für Diebstahl an der Arbeitskraft der Armen, und er meinte, daß diese Ungerechtigkeit nur durch eine Revolution von unten geändert werden könne. Deswegen wollte er die Unterdrückten aufklären. Er versuchte es mit Flugschriften. Und er gründete eine »Gesellschaft der Menschenrechte«. Über diese Gesellschaft schrieb sein Bruder: »Die Mitglieder übten sich sehr eifrig in den Waffen und hatten bedeutende Schießvorräte verborgen.«

Er wurde denunziert, und der Universitätsrichter ließ bei ihm – er war zu jener Zeit noch Student – eine Haussuchung machen. Man fand nichts Belastendes; beschlagnahmt wurden lediglich einige Briefe seiner Braut, die in Französisch geschrieben waren. Er setzte seine Aufklärungsversuche fort und schrieb:

»Das Leben der Reichen ist ein langer Sonntag: sie wohnen in schönen Häusern, sie tragen zierliche Kleider, sie haben feiste Gesichter und reden eine eigne Sprache; das Volk aber liegt vor ihnen wie Dünger auf dem Acker. Der Bauer geht hinter dem Pflug, der Reiche aber geht hinter ihm und dem Pflug und treibt ihn mit den Ochsen am Pflug, er nimmt das Korn und läßt ihm die Stoppeln.«

Solche Dinge zu schreiben und an den Mann zu bringen, war zu seiner Zeit kein Kinderspiel. Damals war – so schrieb ein berühmter Zeitgenosse und Universitätsprofessor – »die Freiheit . . . bis zu einem Grade untergegangen, von dem niemand, der es nicht selbst miterlebte, einen Begriff hat. Jede Unbefangenheit, ich sage nicht einmal Freiheit der Rede, war unterdrückt.«

Kein Wunder, daß ihm in solcher Zeit »staatsverrä

terische Handlungen« vorgeworfen wurden und man ihn dafür bestrafen wollte und ihn, nachdem er geflohen war, steckbrieflich verfolgte: »Alter 21 Jahre, Größe 6 Schuh, 9 Zoll . . ., Haare blond, Stirne: sehr gewölbt, Augenbrauen: blond, Augen: grau, Nase: stark, Mund: klein, Bart: blond, Kinn: rund, Angesicht: oval, Gesichtsfarbe: frisch, Statur: kräftig, schlank, Besondere Kennzeichen: Kurzsichtigkeit.«

Während er im Ausland war, erschien sein erstes Drama. Ein Jahr später schloß er sein Studium ab, mit der Promotion zum Dr. phil. Ein Vierteljahr danach schrieb er seiner Verlobten: »Du bist voll zärtlicher Besorgnis und willst krank werden vor Angst; ich glaube gar, Du stirbst – aber ich habe keine Lust zum Sterben und bin gesund wie je . . .« Drei Wochen nach diesem Brief starb er – erst dreiundzwanzig Jahre alt – am »Faulfieber«.

Wer war's?

27 *»Einsamkeit ist nun einmal mein Los«*

Wichtige Voraussetzungen für ein glückliches Leben waren zweifellos da: ein gutes Elternhaus und finanzieller Wohlstand. Zwar war der Vater knauserig, und der Sohn sagte später, im Elternhaus sei die Sorge vorherrschend gewesen, die ständige Furcht des Vaters vor wirtschaftlichen Verschlechterungen (obgleich sich seine Unternehmungen immer mehr ausdehnten und die Familie zu den reichsten des Landes zählte), aber das geringe Taschengeld bedeutete für den Sohn schließlich nicht Not und nicht Unsicherheit. Doch glücklich wurde sein Leben nicht.

Was er entbehrte, waren Liebe und Anerkennung, die ihm zwar von der Mutter, nicht aber vom Vater, der den jüngeren Bruder vorzog, zuteil wurden. Die Folge war, daß er sich abschloß und in seiner übergroßen Empfindlichkeit einen starken Hang nach Selbständigkeit und Unabhängigkeit entwickelte. Was ihn beschäftigte, woran er arbeitete, das teilte schon der Student seinen Eltern kaum noch mit. Als der Zweiundzwanzigjährige eines Tages zu spät zum Mittagessen erschien und der Vater ihm diese Unpünktlichkeit vorhielt, entschuldigte er sich mit dem Hinweis (der die Eltern völlig überraschte), daß er gerade seine Doktorprüfung gemacht habe.

Von Anfang an wollte er sich niemandem unterordnen. Als er es dennoch eine Zeitlang tun mußte, schrieb er seiner Mutter: »Es ist mir über die Maßen verhaßt, von einem Vorgesetzten jeden Tag meine Arbeit zugeteilt zu bekommen, der gelegentlich kommt, um nachzusehen, ob ich meine Pflicht tue und dem ich über alles Rechenschaft schulde. Der mir Befehle geben kann, der mich lobt und mich tadelt, dem ich antworten muß, wenn er mich anredet, der mich stehen läßt, wenn er von mir genug hat . . .«

Es gab mehrere Gründe für sein geradezu allergisches Verhalten gegenüber Vorgesetzten. Einer war das Bewußtsein, als Jude weniger geachtet zu sein als andere Bürger. Der Mittvierziger schrieb: »In den Jugendjahren eines jeden deutschen Juden gibt es einen schmerzlichen Augenblick, an den er sich zeitlebens erinnert: Wenn ihm zum erstenmal voll bewußt wird, daß er als Bürger zweiter Klasse in die Welt getreten ist.«

Das Gefühl, anders zu sein als andere, wurde noch verstärkt durch seine besondere sexuelle Veranlagung. Und dies wiederum führte manchmal zu seltsamen Verstellungsversuchen, auf jeden Fall jedoch zu noch mehr Verschlossenheit. Versuche, sich mitzuteilen, scheinen gescheitert zu sein; jedenfalls schrieb er im Alter von zwanzig Jahren: »Der größte Fehler, den ich in den letzten Jahren meiner Existenz gemacht habe, und der meinem Wesen eigentlich ganz fern liegt, war Mitteilsamkeit. Einsamkeit ist nun einmal mein Los . . .«

Damals hat er immer wieder versucht, sich anderen

mitzuteilen, ihnen zu sagen, was er dachte und was seiner Meinung nach getan werden müsse, was – zum Beispiel in der Politik – geändert werden sollte. Er sagte es in Aufsätzen, Artikeln, in Büchern. Aber je mehr er schrieb, desto größer wurde die Zahl seiner Gegner. Die meisten lehnten gar nicht ab, was er schrieb, sondern daß er es war, der schrieb, zum Beispiel über die ungerechte Verteilung der wirtschaftlichen Güter, er, der schließlich in 84 Aufsichtsräten saß und eine Fülle großer Betriebe beherrschte. Man nahm ihm übel, daß er, der doch ohnehin so viel Macht hatte, auch auf anderen Gebieten noch Einfluß nehmen wollte. Verbittert schrieb er einem Rezensenten: »Es gehört nicht zum guten Ton, mich gut zu behandeln.«

Trotz aller Anfeindungen aber hat er nicht resigniert. Er spielte schließlich gar eine aktive Rolle in der Politik. Glück brachte auch sie ihm nicht. Im Gegenteil: im Alter von vierundfünfzig Jahren wurde er von verhetzten Radikalen ermordet.

Wer war's?

28 *Ändern, Einfluß nehmen, besser machen*

»Ich wollte es auch einmal so gut haben wie andere Menschen. Aber es ist mir schlecht bekommen.« Als er das schrieb, war er achtundvierzig Jahre alt, und sein kurzes privates Glück war schon vorüber. Wie anders hatten die Briefe des Zwanzigjährigen geklungen, aus jener Zeit, von der bereits der Fünfundzwanzigjährige sagte: »Wie gerne wünschte ich mir diese Jahre zurück, die einzigen, in welchen ich glücklich gelebt habe.«

Aber hatte er wirklich gelebt in jenen Jahren des Studiums? War er glücklich gewesen? Zunächst hatte er das Glück in der Wissenschaft gesucht, in den Büchern: »Ich komme jung von Schulen, in der gewissen Überzeugung, daß mein ganzes Glück in den Büchern bestehe.« Aber dann sah er ein: »Die Bücher würden mich wohl gelehrt, aber nimmermehr zu einem Menschen machen.«

Er hatte erkannt, daß es ihm an Schliff fehlte, an Umgangsformen: »Ich wagte mich von meiner Stube unter meinesgleichen. Guter Gott! Was für eine Ungleichheit wurde ich zwischen mir und anderen gewahr. Eine bäurische Schüchternheit, ein verwilderter . . . Körper, eine gänzliche Unwissenheit in Sitten und Umgang . . . Ich empfand eine Scham, die ich niemals empfunden hatte. Und die Wirkung derselben war der feste Entschluß, mich hierin zu bessern, es koste, was es wolle.«

Er nahm Unterricht im Tanzen, im Reiten, im Fechten; er ging ins Theater und auf Gesellschaften. Das alles aber kostete mehr Geld, als ihm zur Verfügung stand. Er machte Schulden und gab sein Studium auf. Was ihn wirklich veranlaßte, sein Studium aufzugeben – er hatte Theologie studiert und eine Zeitlang Medizin –, waren nicht die Schulden, sondern seine Unrast, sein Unmut, seine Unzufriedenheit mit den Zuständen an den Universitäten, in den Wissenschaften, auch in den Künsten und der Kunstkritik. Daß er die Universität verließ, bedeutete nicht Resignation. Dazu war er viel zu streitbar (obgleich er immer für Toleranz eintrat). Er wollte ändern, Einfluß nehmen, besser machen.

Und das gelang ihm auch, wobei er allerdings wieder und endgültig in die Welt der Bücher zurückkehrte, der er einmal hatte entfliehen wollen, um zu leben. Manchmal klagte er: »Es ist nie mein Wille gewesen, an einem Orte . . . von allem Umgange, wie ich ihn brauche, entfernt, Zeit meines Lebens Bücher zu hüten.« – »Ich wohne in einem großen verlassenen Schlosse ganz allein . . .« – »Mir ist jetzt nicht selten das ganze Leben so ekel . . .«

Es war ein recht kümmerliches Leben, das er führte, vor allem in finanzieller Hinsicht. Deswegen schob er seine Eheschließung immer wieder hinaus. Als er und seine langjährige Verlobte endlich heirateten, war er siebenundvierzig Jahre alt. Gut ein Jahr später kam ein Sohn, der aber nur vierundzwanzig Stunden lebte. Da war es, daß er schrieb: »Ich wollte es auch einmal so gut haben wie andere Menschen! Aber es ist mir schlecht bekommen.« Und: »Meine Freude war nur kurz: Und ich verlor ihn so ungern, diesen Sohn! denn er hatte so viel Verstand! so viel Verstand! . . . War es nicht Verstand, daß man ihn mit eisernen Zangen auf die Welt ziehen mußte? daß er so bald Unrat merkte? – War es nicht Verstand, daß er die erste Gelegenheit ergriff, sich wieder davonzumachen?«

Wenige Tage später starb auch seine Frau. Nicht ohne Sarkasmus schrieb er: »Meine Frau ist tot; und diese Erfahrung habe ich nun auch gemacht. Ich freue mich, daß mir viel dergleichen Erfahrungen nicht mehr übrig sein können zu machen, und ich bin ganz leicht.« Drei Jahre später starb auch er, wenige Tage nach seinem zweiundfünfzigsten Geburtstag.

Wer war's?

29 *Gab für Möbel sehr viel Geld aus*

Nicht alle mochten ihn, bei weitem nicht alle. Was viele abstieß, war – so sagte es einer seiner frühesten Biographen –, »daß er sich immerfort selbst lobte und rühmte . . .« und »am Ende auch seine Bücher und Schriften mit diesen Lobpreisungen der eigenen Person füllte« und ihm »diese Geschmacklosigkeit« ebenso bei seinen im übrigen »schönen und geistvollen Reden und Vorträgen wie ein Fluch anhaftete«.

Er war ehrgeizig und wollte Einfluß nehmen auf die politische Entwicklung seines Landes, Einfluß in einem allerdings ausgesprochen humanen, freiheitlichen Sinn. Doch ging er in seiner liberalen Einstellung nicht etwa so weit, solche Leute zu unterstützen, die Staat und Gesellschaft stürzen wollten und die Anarchie propagierten. Im Gegenteil: gegen sie ging er mit aller Schärfe vor. Als er – zu jener Zeit dreiundvierzig Jahre alt – eine revolutionäre Verschwörung aufdeckte und sie ohne Waffengewalt im Keim erstickte, hat er, obwohl er Jurist und Anwalt war, nicht zu verhindern versucht, daß die Schuldigen ohne Prozeß zum Tode verurteilt und hingerichtet wurden.

Es muß nicht purer Egoismus gewesen sein, schon gar nicht – wie ihm später vorgeworfen wurde – »Pfuschertum«, was ihn so handeln ließ. Vielmehr dürfte es die Überzeugung gewesen sein, auf alle Fälle die Sicherheit des Staates zu erhalten. Klagte er doch in einem Brief, »in einer grundverdorbenen Zeit« zu leben: »Wo ist jetzt noch dem Gefühl für Recht und Gesetz, wo ist der Redlichkeit, der Tugend, edlen Studien, schönen Künsten – was sage ich, wo ist auch nur der Freiheit und Lebenssicherheit noch der mindeste Raum gelassen?«

Während ihm die Unterdrückung jener Verschwörung zunächst größte Anerkennung und die Verleihung des höchsten Ehrentitels eintrug, hat sich die formal ungesetzliche Hinrichtung der Verschwörer wenige Jahre später gerächt. Da mußte er (unter politisch veränderten Verhältnissen) in die Verbannung gehen. Zwar durfte er nach nur etwa einem Jahr in die Heimat zurückkehren, aber in seinen politischen Bestrebungen war er von da an nicht mehr erfolgreich, bis er schließlich jeglichen politischen Einfluß verlor.

Als er aus der Verbannung zurückkehrte, fand er sein Haus total verwüstet vor. Politische Gegner hatten alles zerstört. Obgleich er noch andere Häuser außerhalb der Stadt besaß, hat ihn das schwer getroffen. Denn als sehr kultivierter Mann hing er an den Dingen und Möbeln des Hauses, die er mit Geschmack und Liebe zusammengestellt hatte. Einige Stücke hatte er teuer erworben. So hatte er zum Beispiel einmal für einen Zitrustisch (nach heutigem Wert) mehr als hunderttausend Mark ausgegeben! Welch horrender Preis das war, zeigt der Betrag, für den er sein Haus gekauft hatte, nämlich (ebenfalls nach heutigem Wert) etwa 750 000 Mark.

Dennoch: Er war nicht etwa ein Verschwender. Aber er war eben auch nicht kleinlich. Verschwenderisch jedoch scheint seine Frau gewesen zu sein. Jedenfalls heißt es, sie habe (während er über längere Zeit im Krieg war) so viele Schulden gemacht, daß bei seiner Rückkehr eine Masse von Gläubigern über ihn herfiel. Um sie zufriedenstellen zu können, habe er sich von seiner Frau scheiden lassen und seine junge und überaus vermögende Pflegetochter, deren Vermögen er verwaltete, geheiratet. Nach dieser Heirat konnte er die Gläubiger abfinden. Die Ehe hielt allerdings nur kurze Zeit.

Während er auf schriftstellerischem Gebiet immer erfolgreicher wurde, wollte er auch in der Politik noch einmal sein Glück versuchen. Oder richtiger: Noch einmal wollte er sich für ein humanes und liberales Prinzip einsetzen. Dabei ist er seinem Gegenspieler unterlegen. Dessen Schergen haben den fast Vierundsechzigjährigen ermordet.

Wer war's?

30 *»Ach, hätte ich die Welt hinter mir!«*

Seine »berückende Schönheit« ließ Tausende von Frauenherzen mit magischer Kraft erglühen«, schrieb ein Zeitgenosse. Und eine Frau, die in seiner Umgebung lebte, berichtete: »In zahllosen Mädchen- und Frauenköpfen spukte der Gedanke: Wenn man ihm doch nur einmal allein begegnen könnte!«

Aber welche Frau ihm auch begegnete, ihn interessierte sie nicht. Zwar schenkte er vielen Frauen mehr oder weniger regelmäßig riesige Blumensträuße, einigen auch wertvolle Schmuckstücke, und der Einundzwanzigjährige hat sich sogar verlobt, aber das alles blieben Äußerlichkeiten. Ein Beobachter behauptet, daß er »seine Braut nur auf die Stirn zu küssen pflegte, manchmal halbe Stunden lang kein Wort herausbrachte als etwa die geistreiche Bemerkung: ›Du hast so schöne Augen!‹« und daß die Braut, »jung, schön, heiter, sich dabei unsäglich langweilte«.

Nach einigen Monaten sah er seinen Irrtum ein. Er löste die Verlobung, nachdem er dem Mädchen gestanden hatte, daß sie ihm zwar »von allen Frauen, welche leben, die teuerste« sei, daß aber der »Gott seines Lebens« nach wie vor sein mehr als zwanzig Jahre älterer Freund bleibe. Ihm schrieb er sogleich nach der Auflösung der Verlobung: »Fern und glücklich entronnen dem falschen Glück des Venusberges.« Und über die Frauen: »Seien Sie überzeugt, daß ich ihren Wert nicht unterschätze. Bei den meisten jungen Leuten mischt sich Sinnlichkeit in ihre Neigung zum andern Geschlecht; diese verdamme ich.«

Sinnlichkeit ließ er ebensowenig in seinem Verhältnis zu seinem Freund aufkommen. Es war eine platonische Liebe, mag er den Freund in Briefen auch als »Geliebten« angeredet haben; er war ihm der »Einzige«, der »Teuerste der Erde«, ein »Heiliger«. Der Freund, den er finanziell großzügig unterstützte, half ihm, der Wirklichkeit zu entfliehen, der Welt, die der Jüngere so sehr verabscheute: »Ach, wie nichtig ist die Welt! – Wie elend, wie gemein so viele Menschen! Ihr Leben dreht sich im engen Kreise der flachen Alltäglichkeit. – Ach, hätte ich die Welt hinter mir!«

Daß dies nicht nur so dahin gesagt, nicht nur Schwärmerei war, muß der Ältere schon nach der ersten persönlichen Begegnung gespürt haben. Da schrieb er über ihn in einem Brief:

»Er ist leider so schön und geistvoll, seelenvoll und herrlich, daß ich fürchte, sein Leben müsse wie ein flüchtiger Göttertraum in dieser gemeinen Welt zerrinnen.« Und in demselben Brief: »Von dem Zauber seines Auges können Sie sich keinen Begriff machen: Wenn er nur leben bleibt; es ist ein zu unerhörtes Wunder!«

Zunächst jedoch lebte er auch, lebte intensiver denn je zuvor, allerdings nur im Gedanken an die neue Freundschaft: »Nun bin ich wieder in den herrlichen Bergen, in Gottes freier Natur und denke stets an den

Geliebten . . . – Immer und ewig denke ich an Sie, immer schwebt mir Ihr Bild vor dem geistigen Auge. – Sie allein sind die Quelle meiner Seligkeit, immer ist es der Gedanke an meinen hehren Freund, der mich neu belebt . . .«

Zugleich aber hatte eben diese Freundschaft zur Folge, daß er sich aus der Welt des Alltags nur desto weiter zurückzog und immer menschenscheuer wurde. Diese Entwicklung verschlimmerte sich, als es mit dem Freund zu Unstimmigkeiten kam und sie sich trennen mußten, und noch mehr, als der Freund im Alter von neunundsechzig Jahren starb. Da war er selbst siebenunddreißig Jahre alt und hatte sich längst eine andere, eine steinerne Traumwelt errichtet, die aber auch keine wirkliche Flucht aus der Realität ermöglichte. Im Alter von vierzig Jahren nahm er sich das Leben.

Wer war's?

31 *Kindheit voller Schrecken und Finsternis*

Schon als Gymnasiast hat er oft von Selbstmord gesprochen, ja bei kleinsten Anlässen drohte er, sich das Leben zu nehmen. Dabei hatte er eine katastrophale Angst vor dem Sterben. Er hatte auch Angst, einmal als Scheintoter begraben zu werden; deswegen äußerte er in einem Brief den Wunsch, man möge an ihm gegebenenfalls – um ganz sicher zu gehen – einen Herzstich vornehmen.

Diese Angst war nicht unbegründet. Mehrmals schon hatte man ihn in todesähnlicher Betäubung aufgefunden, einmal im Freien und halb erfroren. Ursache war seine Vorliebe für Chloroform, Veronal, Kokain, später auch Opium und Morphium. Er nahm diese Gifte aus mehreren Gründen: um seine Bewußtseinslage zu verändern, um zu vergessen, was ihn quälte, und schließlich zur bewußten Selbstzerstörung.

Bereits während seiner Schulzeit nahm er Rauschgift. Leichten Zugang zu Drogen und Giften hatte er nach dem Abbruch des Gymnasialstudiums (weil er ein zweites Mal nicht versetzt wurde) als Lehrling in einer Apotheke. Anfangs brüstete er sich vor Freunden mit seiner Chloroformleidenschaft und sagte manchmal, daß der Tod im Rausch herrlich sein müsse. Zunächst aber war ihm der Rausch lieber als der Tod, so lieb, daß er auch seine jüngere Schwester zum Drogenmißbrauch verführte und sogar zum Inzest. (Einige Jahre später hat die Schwester sich erschossen.)

Nach seiner Lehrzeit – er hatte die Abschlußprüfung vorzeitig und mit gutem Erfolg abgelegt – begann er ein viersemestriges Universitätsstudium. In jener Zeit war nicht nur sein Konsum an Drogen enorm, sondern auch der von Alkohol. Ab mittags saß er in irgendwelchen Weinstuben, meist mit Freunden, die ebenfalls gern tranken (denn Temperenzler und Nichtraucher mochte er nicht), und trank im Lauf des Nachmittags mindestens einen Liter Wein. Manchmal brachte er es auf zehn Viertel.

Finanzielle Sorgen kannte er zu jener Zeit nicht. Sein Vater, der ein gutgehendes Geschäft hatte, unterstützte ihn. Der Familie (mit sieben Kindern) war es immer recht gut gegangen. Sie wohnte in einem geräumigen Haus, hatte einen großen Garten, Angestellte, eine Gouvernante. An der Gouvernante hingen die Kinder mehr als an der Mutter.

Rückblickend erschien ihm die Kindheit »erfüllt von Krankheit, Schrecken und Finsternis«, und von sich selber sagte er: »Niemand liebte ihn.« Schon bald hatte er nach Ersatzmüttern gesucht. Eine war die Gouvernante, eine andere eine ältere Prostituierte in jenem Bordell, das er als Schüler recht häufig besuchte.

Nach dem Studium ging er zum Militär. Für ein Jahr. Als er sich danach um eine Anstellung bewarb, mußte er einsehen, daß er infolge jenes langen Alkohol- und Drogenmißbrauchs gar nicht mehr in der

Lage war, einen Beruf auszuüben. Fast überall überfielen ihn Angstvorstellungen. Ein Freund schrieb: »Er meidet das Restaurant aus Furcht vor dem Kellner, das Fahren wegen Beklemmung über die Mitfahrenden; aus dem Fenster kann er die Feuermauer nicht mehr sehen, sie scheint ihm ein grinsendes Nichts; er haßt den Tag, der ihm zu deutlich geworden . . .«

Er selber beschrieb sich so: »Zu wenig Liebe, zu wenig Gerechtigkeit und Erbarmen, und immer zu wenig Liebe; allzuviel Härte, Hochmut und allerlei Verbrechertum – das bin ich. Ich bin gewiß, daß ich das Böse nur aus Schwäche und Feigheit unterlasse . . . Ich sehne den Tag herbei, an dem diese Seele in diesem armseligen, von Schwermut verpesteten Körper nicht mehr wird wohnen wollen und können . . .«

Jener Tag kam eineinhalb Jahre später, nachdem er noch einige seiner schönsten Gedichte geschrieben hatte. Da starb er – wohl mit Absicht – an einer Herzlähmung infolge einer Überdosis von Kokain.

Wer war's?

32 *Verleumdet und nie wirklich rehabilitiert*

Wieder erinnern heute Straßen und Plätze an ihn, nachdem sie seinen Namen eine Zeitlang nicht hatten tragen dürfen. Aber nicht nur deswegen ist sein Name vielen geläufig. Er selbst allerdings, und was er getan hat, wurden sehr viel weniger bekannt.

Sein Vater war Schneidermeister, nicht sonderlich erfolgreich, und bei der großen Kinderzahl war gar nicht daran zu denken, auch nur eines der Kinder studieren zu lassen. Für den Sohn war das ein großer Kummer, denn die Familie lebte in einer Universitätsstadt, und – was wichtiger war – ein Pfarrer hatte den Vater zu überreden versucht, den Jungen studieren zu lassen. Aber der Junge sollte ein Handwerk lernen. Die Entscheidung für eines, das ihn später kaum ernähren konnte, fiel zufällig. Eine befreundete Familie betrieb eine Mietkutscherei; die Pferde interessierten ihn, und der Vierzehnjährige meinte, ihre Geschirre zu machen, könne auch interessant sein.

Aber die Lehre enttäuschte ihn. Er wurde schlecht behandelt, mußte Boten- und Hilfsarbeiten machen und lernte wenig. Nur auf Bitten der Eltern lief er nicht davon. Aber wenige Wochen vor dem Ende der Lehrzeit gab er doch auf. Da hatte der Meister ihn zu Unrecht beschimpft und sogar geschlagen. Er war einfach weggegangen. Trotz flehentlicher Bitten des Vaters, der in der nicht abgeschlossenen Lehre eine Schande sah, ging der Junge nicht mehr zu seinem Lehrherrn zurück.

Die Lehrzeit ist ihm dann doch noch angerechnet worden, und er hat seinen Beruf auch ausgeübt. Dabei gab es bald Schwierigkeiten, und er mußte immer häufiger die Arbeitsstellen wechseln: die Meister wollten ihn nicht wegen seiner politischen Anschauungen. Als er dann politisch aktiv wurde, fiel er auch der Polizei auf. Und schon der Achtzehnjährige stand auf ihrer Schwarzen Liste weit oben.

Da er in seinem Beruf nur schlecht bezahlte Flickarbeiten machen konnte (anderes war wenig gefragt), versuchte er etwas Neues: Mit einigen Bäckern gründete er eine Genossenschaftsbäckerei, die ihre Ware um ein Zehntel billiger verkaufte als andere Bäckereien in derselben Stadt. Aber es kamen nicht genügend Kunden, das Unternehmen brach zusammen, und er stand vor dem Nichts. Da gründete einer der mitbetroffenen Bäcker einen eigenen Laden, und er trug für diesen das Brot aus.

Wenig später lernte er seine zukünftige Frau kennen. Sie war Fabrikarbeiterin. Er hatte inzwischen eine mäßig bezahlte Stelle als Lokalredakteur gefunden. Zum Heiraten reichte das Gehalt bei weitem nicht. Da rieten Freunde ihm, eine Gastwirtschaft zu übernehmen. Er zögerte, aber seine Braut fand den Vorschlag vernünftig. So kam es zur Eröffnung einer »Restauration und Bierhalle« und zugleich zur Hochzeit. Er war dreiundzwanzig Jahre alt.

Die Sache ließ sich recht gut an, obwohl er sich weigerte, mit seinen Gästen zu trinken. Statt dessen half er ihnen – die meisten Gäste waren Parteifreunde –, wenn sie Rat brauchten, vor allem auf rechtlichem Gebiet (wo er sich einiges angelesen hatte). Sein Geschäft ermöglichte ihm auch, weiterhin politisch tätig zu sein.

Und da hat er es sehr weit gebracht: Wenige Tage nach seinem achtundvierzigsten Geburtstag wurde er Oberhaupt seines Landes. Und seine Frau, das ehemalige Fabrikmädchen, war nun die First Lady. Darüber ist viel gespottet worden. Schlimmer aber war, daß man ihn beleidigte und verleumdete, ihn einen Verräter schimpfte und daß er noch jetzt so leicht verwundbar war wie einst als Lehrjunge.

In der Zeit eines für ihn höchst unerfreulichen Prozesses brach er zusammen. Eine nicht rechtzeitig behandelte Blinddarmentzündung war so schlimm geworden, daß die Operation zu spät kam. Als er starb, war er vierundfünfzig Jahre alt.

Einer seiner Biographen sagt: »Die tiefere Ursache dieses Sterbens war das Gift der Verleumdung.« Und: »Die wirkliche Rehabilitierung dieses Mannes hat für die Nation im Grunde nie stattgefunden. Im Herzen dieses Volkes, das er über alles geliebt hat, lebt er nicht.«

Wer war's?

33 *Um Ratschläge war er nie verlegen*

Er stammte aus einfachen Verhältnissen. Seine Mutter war Hebamme, sein Vater Steinmetz. Diesen Beruf hat auch er erlernt, und es scheint, daß er zumindest eine Zeitlang als Bildhauer gearbeitet hat. Viel wird er dabei nicht verdient haben, denn meist brachte er die Tage auf andere Weise zu als mit körperlicher Arbeit. Eine Folge davon war, daß er und seine Familie – er hatte eine Frau und drei Söhne – ziemlich bescheiden leben mußten.

Ihn hat das in keiner Weise gestört. Nicht nur, daß er sich daran gewöhnt hatte, auf alles Unnötige zu verzichten, er sah diesen Verzicht als etwas Positives an. Heute würde man von ihm sagen, daß er konsumfeindlich war. »Wie zahlreich sind doch die Dinge, deren ich nicht bedarf«, soll er beim Anblick der vielen Gebrauchsartikel in den Geschäften oft gesagt haben.

Auch was Essen und Trinken betraf, wurde er als äußerst genügsam beschrieben. In einer biographischen Darstellung heißt es: »Speise nahm er nur so viel zu sich, wie ihm schmeckte, und er kam so vorbereitet zu Tisch, daß ihm der Hunger nach Speise die Zukost vertrat. Auch jedes Getränk war ihm angenehm, weil er nur trank, wenn er Durst hatte. Nahm er einmal eine Einladung zu einer Mahlzeit an, so war es ihm leicht, was anderen mit aller Mühe kaum gelingt, sich vor Überfüllung zu hüten. Wer das nicht konnte, dem gab er den Rat, sich vor den Genüssen zu hüten, die zum Essen ohne Hunger, zum Trinken ohne Durst reizten. Denn das sei, was Magen, Kopf und Seele ruiniere.

Um Ratschläge war er nie verlegen. Als ihm jemand vorjammerte, daß ihm das Essen nicht mehr schmecke, sagte er, dagegen wisse er ein einfaches Mittel. Man solle das Essen eine Zeitlang lassen, danach werde man dann »mit mehr Lust, billiger und gesünder essen«. Und als einer seiner Bekannten ihm seinen Ärger gestand, weil jemand seinen Gruß nicht erwidert habe, sagte er ihm: »Wie lächerlich! Wenn du einem begegnetest, der eine schlechtere Körperhaltung hat als du, würdest du nicht böse sein; weil du nun aber einen getroffen hast, der weniger Lebensart hat als du, willst du dich ereifern.«

Seine Ratschläge erschöpften sich nicht in praktischer Lebenshilfe. Was er eigentlich wollte, war, seine Mitbürger zu kritischem Verhalten zu bringen, zu skeptischem Nachdenken. Meist brachte er sie durch scheinbar einfache Fragen dazu. Zum Beispiel über die Redner, das heißt die Politiker. Da fragte er:

»Scheinen dir etwa die Redner immer in Beziehung auf das Beste zu sprechen, dieses im Auge habend, daß die Bürger möglichst gebessert werden durch ihre Reden? Oder gehen auch sie nur darauf aus, sich den Bürgern gefällig zu machen, und behandeln, ihres eigenen Vorteils wegen den gemeinsamen vernachlässigend, das versammelte Volk wie Kinder, indem sie ihm nur Vergnügen zu machen suchen . . .?«

Nicht nur die Politiker sah er mit Skepsis, auch die Dichter und eigentlich alle Berufsstände. An den Dichtern habe er bemerkt, daß sie zwar »sehr viel Schönes sagen, aber nichts von dem wissen, was sie sagen«, daß sie aber »glaubten, um ihrer Dichtung willen auch in allem übrigen sehr weise Männer zu sein, worin sie es nicht waren«. Eine ganz ähnliche Erfahrung machte er mit den Handwerkern. Ein Meister, meinte er, habe den gleichen Fehler wie ein Dichter: »Weil er sein Fach gründlich erlernt hatte, wollte jeder auch in den andern wichtigsten Dingen sehr weise sein; und diese ihre Torheit verdeckte jene ihre Weisheit.«

Mit seiner enthüllenden Denkweise, die alles, auch das angeblich Selbstverständliche und allgemein Gültige, von Grund auf in Frage stellte, machte er sich aber nicht nur Freunde. Gerade bei den Einflußreichen, den Herrschenden, machte er sich unbeliebt. Und zwar so gründlich, daß sie ihn wegen angeblicher Zersetzung der Demokratie vor Gericht stellten, ihn zum Tode verurteilten und hinrichteten. Zu jener Zeit war er etwa siebzig Jahre alt.

Wer war's?

34 *». . . und vernachlässige nicht die alten Damen!«*

Als er, erst fünfzehnjährig, mit dem Studium der Rechte begann, wurde er von seinem Vater ermahnt: »Sei gegen alle Welt artig und zuvorkommend und vernachlässige vor allem nicht die alten Damen, die bei ihren Plaudereien mehr für oder gegen den Ruf eines jungen Mannes tun, als ihr euch wohl vorstellt.«

Den väterlichen Rat hat er sein Leben lang beherzigt, allerdings in leicht variierter Form: nicht so sehr bei den alten, als vielmehr bei den jungen Damen war er darauf bedacht, gut angesehen zu sein. Und bei ihnen hatte er sein Leben lang Erfolg. Und obgleich er immer sehr viel arbeitete, hatte er doch stets Zeit für zahlreiche Liebesabenteuer (von denen er sich auch von seinen Ehefrauen nicht abhalten ließ).

Er war dreimal verheiratet. Das erste Mal heiratete er im Alter von zweiundzwanzig Jahren, und zwar ein sehr reiches Mädchen. Aus dieser Ehe gingen sieben Kinder hervor. Mit seiner zweiten Frau, die er aus Liebe heiratete, hatte er nur ein Kind, mit seiner dritten fünf Kinder.

An seinen Kindern hing er sehr, und er war immer bemüht, ein guter Familienvater zu sein. Als er einmal, von einer Reise zurückkehrend, zwei seiner Kinder verwechselte – das geschah während seiner ersten Ehe – war ihm das recht peinlich. Seiner derzeitigen Geliebten schrieb er:

»Ich bin hier um elfeinhalb Uhr abends angekommen. Man erwartete mich nicht mehr. Meine Frau kam mich zu begrüßen, voller Freude, mich wiederzusehen. Sie hat mich zu den Kindern gebracht, die schlafen gegangen waren, und ich hab' mich mit einer Dummheit eingeführt: Ich habe zwei meiner Töchter verwechselt und eine Siebenjährige für die Dreijährige gehalten. Meine Kinder glaubten, ich sei verrückt geworden!«

Daß er dieses Versehen so ausführlich beschrieb, macht deutlich, wie sehr es ihn getroffen hat. Und vermutlich traf es ihn deswegen, weil er sich für unfehlbar hielt. Und zwar in jeder Hinsicht. So behauptete er von sich: »Meinem Geist hat sich niemals der Irrtum genähert.« Und: »Ich brauche nicht ein einziges Wort, das ich geschrieben oder gesprochen habe, zu bereuen.« Und in einem Brief: »Als Freund der Wahrheit bin ich nie durch meine Gefühle in Irrtum geführt worden.«

Er rühmte sich, »ein Felsen im tobenden Meer zu sein, der unaufhörliche Denker, der Mann der Wahrheit, der Wortführer der Vernunft, der Felsen der Ordnung«, und er sagte: »Die Welt ruht mit ihrem vollen Gewicht auf meinen Schultern . . . Ich bin die ordnende Kraft der Ereignisse und der Garant der Weltgeschäfte . . . Ich bin ein Kind des Lichts!«

Als er so von sich sprach, stand er auf dem Gipfel seiner Laufbahn, hoch dotiert, von vielen geehrt und ausgezeichnet. Aber es gab auch andere Urteile. Da nannte man ihn »den größten Lügner des Jahrhunderts«, den »verhaßtesten Menschen des Universums«, man schimpfte ihn »unehrenhaft, arbeitsscheu, genußsüchtig, oberflächlich, sittenlos, selbstsüchtig«, man warf ihm »Trägheit, lockere Sitten und Unmoral« vor. Und eine seiner ehemaligen Geliebten nannte ihn »den größten Schurken der Welt«, – freilich erst nachdem er sie verlassen hatte.

Seine zahlreichen Amouren und seine festen Verhältnisse zu anderen Frauen erschienen ihm nie als Untreue: »Niemals bin ich untreu gewesen. Die Frau, die ich liebe, ist für mich die einzige auf der Welt . . .«

Wenige Menschen sind so unterschiedlich beurteilt worden wie er. In einem aber sind sich alle einig, nämlich, daß er sich in seinem sechsundachtzig Jahre langen Leben kaum gewandelt hat. Noch kurz vor seinem Tode wiederholte er, wovon er als junger Mensch überzeugt war und was in gewisser Weise als Maxime seines Lebens gelten kann: »Das größte Unglück, das ein Land treffen kann, ist die Revolution.«

Wer war's?

35 *Zum Schutz vor Hunden und Polizisten*

Als Kind hatte er große Angst, von anderen Kindern verprügelt zu werden, weil er sich – so erklärte er später – »allein nicht ausreichend helfen konnte«. Er verhielt sich nach dem Prinzip: »Nicht widerstehen – es geht nicht.« Daß Widerstand, aktiver Widerstand ihm unmöglich schien, hing mit seiner körperlichen Konstitution zusammen. Schon bald nach der Geburt hatten die Eltern seiner schwachen Gesundheit wegen Sorgen gehabt. Der Säugling röchelte und litt unter Hustenanfällen, hatte Ekzeme und neigte zu Infektionskrankheiten. »Gesund bin ich nie gewesen«, schrieb er später.

Es scheint, daß die Eltern viel Rücksicht auf ihn nahmen. Auch auf seine Angst. Als er zur Schule mußte, wurde er wochenlang auf dem Weg begleitet – »zum Schutz vor fremden Hunden . . . und vor den Polizisten«. In der Schule fühlte er sich nicht sehr wohl, aber es waren nicht Leistungsschwierigkeiten (wenngleich Sprachen ihm allerdings schwerfielen), was ihm die Schule verleidete, vor allem später, in den höheren Klassen, sondern es war der Geist der Schule, den er nicht ausstehen konnte, diese Mischung aus – so sagte er – »devotem Gehorsamssinn« und »wichtigtuerischem wissenschaftlichem Philologengeist«.

Nach dem Abitur (bei dem er vom Mündlichen befreit wurde, weil seine schriftlichen Arbeiten so gut waren) sollte er die lateinische Abschiedsrede halten. Er lehnte ab mit der Begründung, »weil wir so viel Latein gar nicht gelernt haben, daß wir Lateinisch sprechen können. Diese künstlich vorbereitete Rede ist eine Täuschung des Publikums.« Der Direktor rächte sich, indem er ihn mit den Worten entließ: »Aus Ihnen kann ja nichts werden, Sie sind organisch krank!«

Wie krank er wirklich war, stellte sich zu Beginn seiner Studentenzeit – er fing an, Jura zu studieren, wechselte aber bald die Fakultät – heraus. Da ergab eine Untersuchung: chronische Erweiterung der Luftröhrenäste, angegriffene Nieren, zunehmendes Lungenemphysem und infolgedessen Herzinsuffizienz. Die Lebenserwartung war nicht hoch. Physisch durfte er sich nicht anstrengen, und er konnte nur wenige Stunden hintereinander arbeiten, war aber – wie er sagte – fest entschlossen, »aus der verkrüppelt aufgewachsenen Pflanze so viel zu machen, als irgend möglich ist«.

Das ist ihm gelungen, trotz seiner Krankheit, oder vielleicht gerade durch sie. Zwar zwang sie ihn, abseits zu stehen, indem sie ihn hinderte, einen Beruf, etwa den eines Arztes, auf normale Weise auszuüben, aber eben dies bewahrte ihn davor, von den Anforderungen des Alltags aufgezehrt zu werden. Glücklicherweise war er von zu Hause – der Vater war Bankdirektor – finanziell so gut versorgt, daß er nach dem Abschluß seines Studiums nicht sofort Geld verdienen mußte. Auch seine Frau, die er während des Studiums kennengelernt hat, war für ein paar Jahre finanziell versorgt, so konnte er sich das Leben eines Außenseiters leisten.

Und Außenseiter blieb er sein Leben lang, das immerhin sechsundachtzig Jahre währen sollte. Außenseiter, das heißt hier: unabhängig im Denken. Gerade weil er abseits bleiben mußte, sah er alles unter anderen Aspekten und fand dabei neue Wege, neue Methoden, neue Zusammenhänge. Außenseiter zu sein war für ihn zeitweise aber noch etwas anderes, nämlich Ausgestoßensein. Das war, als er aus politischen Gründen nicht mehr publizieren durfte. Auch da hielt er sich an sein schon in der Kindheit bewährtes Prinzip »Nicht widerstehen – es geht nicht«. Als man ihn nach jener Zeit, die er in der Stille überstanden hat, zu einem Widerstandshelden machen wollte, gab er eine öffentliche Erklärung ab gegen falsches Heroisieren. »Unwahrheit ist auch dann schädlich, wenn sie aus freundlicher Meinung kommt . . . Ich bin kein Held und möchte nicht als solcher gelten.«

Wer war's?

36 *Parmesankäse ließ er sich nicht verbieten*

Seinem Arzt sagte er: »Sie können sich nicht vorstellen, wie mäßig ich bin. Ich koste meine Speisen bloß und esse nur, um mich zu stärken.« Der Arzt mußte aber bald einsehen, daß sein Patient unter Mäßigkeit etwas anderes verstand als der Arzt. Da aß er, obwohl kein junger Mann mehr – er stand immerhin im fünfundsiebzigsten Lebensjahr –, zu einem Mittagessen zunächst scharf gewürzte Fleischbrühe und nahm dazu (so hat der Arzt es beschrieben) »einen großen Eßlöffel voll von gestoßenen Muskatblüten und gestoßenem Ingwer. Er aß sodann ein gutes Stück von nach russischer Art zubereitetem, mit einem Quart Branntwein abgekochtem Rindfleisch. Hierauf folgte eine große Menge von einem italienischen Gericht, das zur Hälfte aus türkischem Weizen und zur Hälfte aus Parmesaner Käse besteht; dazu gibt man den Saft von ausgepreßtem Knoblauch – und dieses alles wird in Butter so lange gebraten, bis eine harte und einen Finger dicke Rinde umher entsteht; über alles gießt man endlich eine ganz aus den heißesten Gewürzen bestehende Brühe . . . Zum Abschluß nahm der Patient einen ganzen Teller voll von einer Aalpastete, die so heiß und würzhaft war, daß sie in der Hölle gebraten schien . . .«

Lange zuvor hatten Ärzte ihm geraten, mäßiger zu leben, vor allem aber scharfe Gewürze zu meiden, denn er hatte von Jugend an eine hartnäckige Magenschwäche, die schließlich zu einer chronischen Magenschleimhautentzündung wurde. Aber er stand den Ärzten mit großer Skepsis gegenüber, besonders dann, wenn es um seine Lieblingsspeisen ging. Von einem zum Beispiel trennte er sich, weil er ihm den Genuß von Parmesankäse verbieten wollte.

Nicht nur der Magen machte ihm zu schaffen. Sehr viel mehr plagte ihn ein sehr schmerzhaftes Leiden, von dem viel später zwar behauptet wurde, daß es möglicherweise beigetragen habe, seine Intelligenz und geistige Energie zu stärken. Er selbst indessen meinte: »Wenn ich von meinem Leiden befallen bin, verrichten meine geistigen Fähigkeiten nicht mehr ihren Dienst mit der Leichtigkeit, die ich wünsche; eine gute oder schlechte Gesundheit bedingt unsere Ideen und alle unsere Philosophie.«

Den ersten Anfall der schmerzhaften Krankheit hatte er im Alter von neunundzwanzig Jahren. Verwandte und Freunde ermahnte er, die Ratschläge der Ärzte sorgfältig zu beachten. So schrieb er einem ihm befreundeten Philosophen, den er sehr schätzte und der für längere Zeit als Gast an seinem Hof lebte: »Tun Sie alles nur Erdenkliche, um wieder gesund zu werden. Die Gesundheit ist auf Erden das einzig Wahre. Ob es Pillen, Sennesblätter oder Klistiere sind, die Sie wiederherstellen, ist einerlei . . .«

Er selbst aber befolgte die Ratschläge der Ärzte nicht. Er resignierte. Der Vierzigjährige schrieb seinem Bruder: »Ich bessere ein altes Bauwerk aus, das im Begriffe ist, zusammenzubrechen; während ich mit dem Dach beschäftigt bin, fängt das Fundament an, zusammenzufallen.«

Um sich »zu stärken«, aber aß er wie gewohnt und ohne Rücksicht auf seine Krankheit. Das Frühstück begann mit sieben bis acht Tassen starken Kaffees, den er mit Senf oder Pfeffer verschärfte. Noch wenige Tage vor seinem Tod (im Alter von vierundsiebzig Jahren) gab es ein Menü, das aus elf Gängen bestand, darunter Suppe, Rindfleisch, Koteletts, Salm, Ochsenzunge, grüne Erbsen, frische Heringe und saure Gurken, wozu er eine Bouteille Sekt trank.

Da er ein Leben lang unter Krankheiten zu leiden hatte, ist es kein Wunder, daß er sich von seinem Körper in besonderem Maße abhängig fühlte. So schrieb er einmal: »Unglücklicherweise scheint der Geist nichts als ein Beiwerk des Körpers zu sein; gleichzeitig mit unserem gesamten Organismus wird er in Unordnung gebracht, und jedes körperliche Leiden berührt gleichermaßen den Geist . . .«

Wer war's?

37 *Ein Wehen von den Flügeln der Verblödung*

Im Prinzip lehnte er öffentliche Belohnungen ab: »Preisverteilungen sind von Übel«, sagte er: »Akademische Preise, Tugendpreise, Ordensverleihungen, alle diese Erfindungen des Teufels ermutigen die Scheinheiligkeit und vereisen den unmittelbaren Aufschwung eines freien Herzens.« Dennoch hat er selber von Preisen und Auszeichnungen geträumt, ja sich sogar darum bemüht.

Als er das tat, ging er auf die vierzig zu und wollte endlich anerkannt sein. Aber seine Bemühungen blieben ohne Erfolg; Orden oder Auszeichnungen hat er nicht gekriegt. Nur etwas Geld konnte der zuständige Minister ihm zukommen lassen. Es reichte bei weitem nicht, seine Schulden zu decken.

Schulden hatte er schon sehr früh gemacht. Er liebte es, aufwendig zu leben. So trug er zum Beispiel nur Anzüge, die nach seinen Entwürfen gearbeitet wurden. Und Bücher, die ihm gefielen, ließ er in Saffianleder binden. Auch für seine Freunde gab er viel Geld aus, für Geschenke, fur Bewirtung. Er meinte, sich das leisten zu können, weil er mit einem beträchtlichen Erbteil aus der Hinterlassenschaft seines früh verstorbenen Vaters rechnete. Als er jedoch mit einundzwanzig Jahren die Auszahlung jener Summe forderte, wurde sie ihm von seiner Mutter und seinem Stiefvater verweigert; unter Hinweis auf seine Verschwendungssucht erreichten sie, daß für ihn ein Vormund eingesetzt wurde.

Diese Demütigung hat er seiner Mutter nie verziehen. Sie steigerte seine Isoliertheit: »Gefühl der Einsamkeit, seit meiner Kindheit. Trotz der Familie – und vor allem inmitten der Gefährten – immer das Gefühl eines in alle Ewigkeiten einsamen Schicksals.« Auch auf dem Gymnasium blieb er einsam; »Schläge, Streit mit Lehrern und Kameraden, tiefe Schwermut«.

Um mit der Einsamkeit fertig zu werden, lebte er so, als habe er sich absichtlich von jedweder Gemeinschaft ausgeschlossen. In hochmütiger Überlegenheit wollte er als reicher Müßiggänger leben, der über alles erhaben ist, als einer jener Menschen, von denen er sagte: »Sie entstammen alle demselben Ursprung, ob sie sich nun verfeinert, unglaublich, schön, Löwen oder Dandys nennen – sie alle haben am gleichen Geist der Opposition und der Auflehnung teil; alle sind Repräsentanten dessen, was Bestes im menschlichen Hochmut liegt, dieses bei den Menschen von heute allzu seltenen Bedürfnisses, das Gemeine zu bekämpfen und zu zerstören.«

Sein Hochmut aber reichte nicht aus, daß es ihm gelungen wäre – wie er es einmal forderte –, »ohne Unterbrechung erhaben zu sein«. Er wich aus in die Trunkenheit: »Man muß immer trunken sein . . . Um die gräßliche Last der Zeit nicht zu spüren, die euch die Schultern zerbricht und zur Erde euch zieht, müßt ihr euch unaufhörlich berauschen . . .«, ob nun mit

Wein, mit Versen, mit Haschisch oder mit Tugend. Doch auch das half ihm nicht über das immer stärker werdende Gefühl hinweg, über Abgründen zu schweben. Fünf Jahre vor seinem Tod (er starb im Alter von sechsundvierzig Jahren an den Folgen einer Syphilis) schrieb er:

»Im Seelischen wie im Körperlichen habe ich immer die Empfindung des Abgrundes gehabt, nicht allein des Abgrundes des Schlafes, sondern auch des Abgrundes der Tätigkeit, des Traumes, der Erinnerung, der Begierde, des Bedauerns, der Reue, des Schönen, der Zahl und so weiter. Ich habe meine Hysterie mit Entzücken und Entsetzen gepflegt. Jetzt bin ich immer dem Schwindel ausgeliefert, und heute . . . ist mir ein seltsam vorbedeutendes Zeichen zuteil geworden. Ich spürte, wie ein Wehen von den Flügeln der Verblödung über mich hinstrich.«

Erst gegen Ende seines Lebens fand er bei einigen Menschen Anerkennung, ja eine Art von Huldigung. Für ihn, der kaum noch sprechen konnte, kam das zu spät. »Diese jungen Leute machen mir eine Heidenangst«, schrieb er. »Ich möchte nichts so sehr als allein sein.«

Wer war's?

38 *Die Abtreibung hat er ihr nicht verziehen*

Er war sechsundzwanzig Jahre alt, als er eine junge Frau kennenlernte und sich sofort in sie verliebte. Sie war sieben Jahre älter als er, seit einige Monaten Witwe und sagte von ihrem verstorbenen Mann: »Er war ein Zölibatär und fürchtete das Weib; seine Angst, ›heruntergezogen‹ zu werden, war grenzenlos, und so mied er das Leben . . ., also das Weibliche.«

Von ihm, dem sehr viel jüngeren Mann, ließ sich das nicht sagen. Schon bei der ersten Begegnung – sie fand in ihrer Wohnung statt, wo er von ihr eine Zeichnung machen sollte – hat er sie plötzlich stürmisch umarmt. Später schrieb sie: »Diese Art der Umarmung war mir fremd . . . Ich erwiderte sie in keiner Weise, und gerade das schien auf ihn gewirkt zu haben. Er stürmte davon, und in einer Stunde hatte ich den schönsten Liebes- und Werbebrief in Händen.«

Darin hieß es: »Sie sollen mir Ihre Freudigkeit und Reinheit erhalten als Stärkung, damit ich nicht in der Verwilderung verkomme, die mir droht . . .« Und: »Wenn Sie mir als stärkendes Weib so aus der geistigen Verwirrung helfen, wird das Schöne, jenseits unserer Erkenntnis, das wir verehren, Dich und Mich mit Glück segnen. Schreiben Sie mir, daß ich zu Ihnen kommen darf, und ich will es für Ihre Einwilligung halten . . .«

Er gefiel ihr recht gut, und es hatte sie nicht gestört,

daß »seine Schuhe zerrissen, sein Anzug zerschlissen« waren. Sie hielt ihn – übrigens zu Recht – für einen »genialen Kerl«. Und für Genies hatte sie ein ausgesprochenes Gespür und eine Schwäche. Sie sagte einmal: »Jedes Genie ist mir gerade der rechte Strohhalm als Beute für mein Nest!«

Auch er wurde ihre Beute, obgleich sie mit ihm nicht so völlig einverstanden war: »Schön angelegt als Gestalt, stört etwas in der Struktur. Er ist groß und schlank, aber seine Hände sind rot und schwellen oft an. Seine Ohren, obwohl klein und fein ziseliert, stehen vom Kopfe ab. Seine Nase ist etwas breit und schwillt leicht an. Der Mund groß, der untere Teil und das Kinn vorgebaut. Die Augen stehen etwas schief; dadurch bekommt sein Ausdruck etwas Lauerndes. Das Gesicht trägt er sehr erhoben. Der Gang ist schlampig, er wirft sich förmlich beim Gehen vorwärts.«

Außerdem störte sie seine Eifersucht; sie sagt, seine Eifersucht und sein Mißtrauen haben diese Bindung zu Tode gejagt. »Niemanden durfte ich ansehen, mit niemandem sprechen. Er beleidigte alle meine Besucher und lauerte mir überall auf. Die Kleider mußten am Hals und Arm geschlossen sein; mit gekreuzten Beinen durfte ich nicht sitzen ... es grenzte ans Absurde.«

Er schrieb ihr: »Ich muß Dich bald zur Frau haben, sonst geht meine große Begabung elend zugrunde ...« Seine große Begabung ist nicht zugrunde gegangen, obwohl es nicht zu einer Hochzeit gekommen ist, wie er sie sich erträumt hatte. Der Fünfundachtzigjährige sagt, auf jene Zeit zurückblickend: »Es hat Zeiten gegeben, da ich mir nicht vorstellen konnte, ohne sie leben zu können . . .« Was er ihr jedoch nicht verzeihen konnte, war eine Abtreibung: »Man darf aus Lässigkeit das Werden eines Lebewesens nicht absichtlich verhindern. Es war ein Eingriff auch in meine Entwicklung, das ist doch einleuchtend.« Bis heute – so scheint es – hat er es nicht verziehen, daß sie in die Klinik ging und »sich das Kind, mein Kind, nehmen ließ«.

Wer ist's?

39 *Nicht die Götter, nicht das Schicksal*

Von seinem Geburtsort sagt er: »Bis zu meinem Todestage werde ich ihn hassen.« Sein Haß schließt das Elternhaus ein, und als Junge war er überzeugt, »im falschen Haus geboren« zu sein. Zwar änderte sich diese Einstellung später, und da sagt er, daß seine Kindheit »ein langer Festtag, ein Karneval der Jugend, . . . ja ein Paradies« war. Was ihm aber unverändert im Bewußtsein bleibt, ist das schlechte Verhältnis zu seiner Mutter. Erst in den letzten Monaten ihres Lebens fühlte er sich ihr nahe. Nach ihrem Tod – er war da schon vierundsechzig – schrieb er: »Als sie starb, fühlte ich eine Befreiung . . . Stand mir im Wege mein ganzes Leben lang . . .«

Was er ihr so nachträgt, ist die Tatsache, daß sie ihn oder vielmehr seine Arbeit nie anerkannt hat. Wenn es nach ihr gegangen wäre, dann hätte er ein Leben als fleißiger Schneider geführt. Er aber ging von Anfang an seinen eigenen Weg, dessen Ziel allerdings schwer zu erkennen war. Schon auf der Schule hielt er es nicht aus; »angeekelt von der Atmosphäre und von dem Stumpfsinn des Stundenplanes«, verließ der Siebzehnjährige sie: »Ich sah keinen Sinn darin, meinen Kopf mit Schulkenntnissen vollzustopfen . . . Aus den acht Jahren meiner Schulzeit habe ich nichts von Wert für mich davongetragen. Mehr noch – mich kann man nichts lehren; ich muß alles selber herausfinden.«

Als sein Vater ihm Geld für ein Universitätsstudium gab, nahm er das Geld und verschwand zusammen mit seiner Geliebten, »einer Frau, alt genug, um meine Mutter zu sein«. Als das Geld verbraucht war, kehrte er nach Hause zurück, ging aber bald wieder fort. Denn er wollte frei sein, frei vom Elternhaus, frei von seiner Geburtsstadt, frei von allen Menschen, die dort leben.

Es kommt die Zeit, da er sich in immer neuen Berufen versucht. Er arbeitet als Kellner, Bote, Plakatankleber, eine Zeitlang ist er Hotelpage, Barmixer, dann Stenotypist, Hilfsbibliothekar, Versicherungskassierer, Hilfskraft in einem Büro, Billetlocher, Mechaniker, Müllkutscher und sogar Totengräber. Als Totengräber arbeitete er nur ein paar Wochen, obgleich er am liebsten die ganze Welt begraben hätte, zumindest aber sein Heimatland, das für ihn ein »Alptraum« ist, eine »Senkgrube des Geistes« und das er am liebsten »von oben bis unten ausradiert sehen« möchte, ja er sagt: »Ich möchte die ganze Erde vernichten. Ich gehöre nicht zu ihr. Ein Narrenhaus von A bis Z! . . . Zum Teufel damit! Töte, töte, töte! Töte sie alle, Juden und Christen, Junge und Alte, Gute und Böse . . .«

Aber zugleich will er auch leben. Er macht – da ist er schon zum zweitenmal verheiratet – eine Kneipe auf, ungesetzlich. Und als die Staatsanwaltschaft sich darum kümmert, verdrückt er sich und überläßt es seiner Frau, mit der Situation fertig zu werden. Die Liste seiner Jobs wird noch länger. Aber was immer er tut, denkt, fühlt, er wird es verwerten für seine eigentliche Arbeit. Er will nicht nur zerstören, auch nicht nur leben, er will helfen, eine neue Welt zu schaffen, eine Welt, die rein ist von Schmach, Entstellung, Verlogenheit, eine ehrliche Welt, »die ein Gefühl für Knochen und Umrisse hat, für starke Grundfarben, eine Welt, die Respekt vor ihrem tierischen Ursprung hat«.

Es dauert lange, bis er sich verständlich machen kann, und sehr lange, bis auch Staatsanwälte ihn verstehen. Rückblickend sagt er: »Was ich klarzumachen versucht habe, manchmal verzweifelt, ist, daß ich auf das Leben selbst als etwas Gutes blicke, gut, ganz gleich, unter welchen Bedingungen; daß immer wir es sind, die das Leben lebensunmöglich machen, wir, nicht die Götter, nicht das Schicksal, nicht die Umstände.«

Wer ist's?

1 Immanuel Kant (1724–1804) lehrte in Königsberg (seiner Geburtsstadt, die er fast nie verließ) Logik und Metaphysik, zeitweise auch Geographie.

2 Max Reger (1873–1916). Mit seinen Kompositionen hat er die Orgel- sowie die Kammermusik entscheidend beeinflußt. Auch die Kirchenmusik.

3 Thusnelda, die Frau »Hermanns des Cheruskers« und Tochter des Segestes. Sie geriet 15 n. Chr. in römische Gefangenschaft. Zitiert wurde Kleist.

4 Ferdinand Lassalle (1825–1864). Er ist der Gründer der sozialdemokratischen Bewegung in Deutschland. Das Duell fand in Genf statt.

5 Ho Tschi Minh (1890–1969): gründete 1930 in Hongkong die Kommunistische Partei Indochinas und rief 1945 die Republik Vietnam aus (Nordvietnam).

6 Conrad Ferdinand Meyer (1825–1898). Erst 1871 erschien seine erste lyrisch-epische Dichtung »Huttens letzte Tage«.

7 Cornelius Tacitus (etwa 50 bis 116). In den »Annalen« und den »Historien« zeigte er den Niedergang

Roms während der Kaiserzeit, in der »Germania« idealisierte er die Germanen.

8 Johann Wolfgang von Goethe (1749–1832). Mit Christiane Vulpius hatte er fünf Kinder, von denen nur das älteste, der Sohn August, am Leben blieb.

9 Elisabeth Christine von Braunschweig-Wolfenbüttel (1715–1797), seit 1733 als Frau Friedrichs des Großen Königin von Preußen.

10 Giuseppe Verdi (1813–1901). Von seiner Stiftung wurden noch fünfzig Jahre nach seinem Tod Musiker unterstützt, die mit ihm gearbeitet hatten.

11 Otto Hahn (1879–1968). Er fand zusammen mit Lise Meitner das Protaktinium, und 1938 gelang ihm (mit F. Straßmann) die Kernspaltung des Urans.

12 Franz Grillparzer (1791–1872). Er war Archivdirektor der Österreichischen Finanzverwaltung. Die »ewige Braut« war Kathi Fröhlich.

13 Paul Klee (1879–1940). Er lehrte am Bauhaus in Weimar und in Dessau, dann an der Kunstakademie in Düsseldorf. 1933 ging er in die Schweiz.

14 Dante Alighieri (1265–1321), der Dichter der Divina Commedia. Geboren wurde er in Florenz, gestorben ist er in Ravenna, wo er auch begraben ist.

15 Johann Gottfried von Herder (1744–1803). Seit 1776 wirkte er in Weimar, zuletzt als Generalsuperintendent. Der zitierte junge Mann war Goethe.

16 Otto von Bismarck (1815–1898). Der Gründer des Zweiten Deutschen Reiches war durch einen Geheimerlaß von den allgemeinen Staatssteuern befreit.

17 George Bernard Shaw (1856–1950). Seine eigentlichen Erfolge hatte er als Dramatiker. Als Redner arbeitete er für die sozialistische Fabian Society.

18 Isaac Newton (1642–1727). Zwischen ihm und Leibniz kam es wegen der Differential- und Integralrechnung zum Prioritätsstreit.

19 Salvador Dali (geb. 1904). Sein Ruhm als Maler ist größer als der als Schriftsteller. Dali lebt zeitweise in Spanien, zeitweise in den USA.

20 Theodor Fontane (1819–1898). Kriegsberichterstatter war er in den Jahren 1864, 1866 und 1870. Sein erster Roman erschien 1878.

21 Mahatma Gandhi (1869–1948). Er hat Indien die Freiheit erkämpft. Aber die Gegensätze zwischen Hindus und Moslems konnte er nicht ausgleichen.

22 Laetitia Bonaparte (1750–1836), die Mutter Napoleons. Sie ruht in einem Kloster in der etruskischen Stadt Tarquinia bei Civita Vecchia.

23 Friedrich Hölderlin (1770–1843). Der geschilderte Besuch fand bei Schiller statt, der Gast den Hölderlin nicht erkannte, war Goethe.

24 Oscar Wilde (1854–1900). Der Dichter wurde 1895 wegen seines Verhältnisses zu dem jungen Lord Douglas zu zwei Jahren Zuchthaus verurteilt.

25 Alexej Nikolajewitsch, der russische Thronfolger (1904–1918). Er war Bluter. Einfluß auf ihn und vor allem auf das Zarenpaar nahm Grigori Rasputin.

26 Georg Büchner (1813–1837), der Dichter von »Woyzeck« und »Dantons Tod«. Das Zitat über den Mangel an Freiheit stammt von Wilhelm Grimm.

27 Walther Rathenau (1867–1922), Sohn des Großindustriellen und Gründers der AEG Berlin, Emil Rathenau. War Wiederaufbau-, dann Außenminister.

28 Gotthold Ephraim Lessing (1729–1781), seit 1770 Bibliothekar in Wolfenbüttel. Nach fast fünfjähriger Verlobungszeit heiratete er Eva König.

29 Marcus Tullius Cicero (106–43 v. Chr.), Anwalt in Rom. Als Konsul unterdrückte er die Verschwörung des Catilina, und zwar ohne Waffengewalt.

30 Ludwig II. (1845–1886), König von Bayern, Förderer Wagners, durch seine Bauten (Herrenchiemsee, Neuschwanstein, Linderhof) total verschuldet.

31 Georg Trakl (1887–1914). Beeinflußt von Baudelaire, Verlaine, Stefan George, Hugo v. Hofmannsthal schrieb er als Schüler seine ersten Gedichte.

32 Friedrich Ebert (1871–1925), von 1919 bis 1925 Reichspräsident. Redakteur war er bei der »Bremer Bürgerzeitung«, dem Organ der Bremer SPD.

33 Sokrates (etwa 470–399 v. Chr.). Im Hinblick auf den ersten griechischen Philosophen schrieb Jaspers: »Kein Philosophieren heute ohne Sokrates . . .«

34 Klemens Fürst von Metternich (1773–1859). Als österreichischer Staatskanzler wollte er die auf dem Wiener Kongreß geschaffene Ordnung erhalten.

35 Karl Jaspers (1883–1969). Er kam von der Medizin über die Psychologie zur Philosophie. Im Dritten Reich wurde er kaltgestellt; seine Frau war Jüdin.

36 Friedrich der Große (1712–1786), König von Preußen, der schon sehr früh an der Gicht litt. Täglich ließ er sich den Speisezettel vorlegen.

37 Charles Baudelaire (1821–1867), vor allem durch seinen Gedichtband »Die Blumen des Bösen« bekannt. Er gilt als Vorläufer des Symbolismus.

38 Oskar Kokoschka (geboren 1886). Die Frau, der er nicht verzieh, daß sie sich ein Kind abtreiben ließ, sein Kind, war Alma Mahler-Werfel.

39 Henry Miller (geb. 1891). Berühmt vor allem durch seine autobiographischen Romane »Wendekreis des Krebses« und »Wendekreis des Steinbocks«.

Antwort auf die Frage von Seite 8

Gerhard Prause, Dr. phil. (auf Grund einer Arbeit über die Dichtung Adalbert Stifters), Redakteur (DIE ZEIT). Schrieb Bücher, Drehbücher, Hörfolgen:

Geschichte der Menschheit – Berichtet im Stil einer Zeitung (150 000 Exemplare, Ullstein);

Niemand hat Kolumbus ausgelacht – Fälschungen und Legenden der Geschichte richtiggestellt (9 Auslandsausgaben; deutsche Ausgabe mit Taschenbuch-Ausgabe im 88. Tausend, Econ);

Die Großen wie sie keiner kennt – 50 Fragen nach Persönlichkeiten aus Literatur, Musik, Wissenschaft, Geschichte (10. Tausend, Econ);

Tratschke fragt: Wer war's? (Teil I, 30. Tausend, Wegner);

Tratschke fragt: Wer war's? (Teil II, 15. Tausend, Wegner);

Gerd P. Ehestorf: Wer raucht, liebt besser – oder das harte Los des Nichtrauchers (8. Tausend, Wegner);

Tratschke fragt: Wer war's diesmal? (10. Tausend, Hoffmann und Campe);

26 Fernsehfilme, vier Hörfolgen.

Das kleine Geschenkbuch

Rudolf Hagelstange
Ägäischer Sommer
Mit 13 Zeichnungen von R. Seewald

Angela Hopf
Eifersucht ist eine Leidenschaft
Zwei Abenteuer in Bildern
Mit 68 Zeichnungen von A. Hopf

Libby Jones
Striptease daheim
Mit Versen von H. Mostar

Eva Kausche-Kongsbak
Florian

Eva Kausche-Kongsbak
Florian bleibt Florian

Erhard Kortmann
Die besten Limericks der Zeit
Mit Illustrationen von D. Lange

Erhard Kortmann
Die besten Witze der Zeit
Mit Illustrationen von D. Lange

Edit Lankor
Adam und Evchen
Die schönsten Bildergeschichten der Zeit

Siegfried Lenz
Das Feuerschiff. Erzählung

Siegfried Lenz
Lehmanns Erzählungen oder
So schön war mein Markt
Aus den Bekenntnissen eines Schwarzhändlers
Mit 13 Illustrationen von H. Hellmessen

Siegfried Lenz
Leute von Hamburg

Siegfried Lenz
So zärtlich war Suleyken
Masurische Geschichten
Mit 37 Zeichnungen von E. Behrendt

Sam und Dorrow, W. jr. Levenson
Liebe ist ein Kinderspiel. Frühe Einsichten

Carola Mohn
Sternschnuppen
Mit Bildern von
Dietrich Lange

Jean Rhys
Die dicke Fifi
Geschichten aus London und Paris

Siegfried Sommer
Leute von München

Tratschke fragt: Wer war's?

Tratschke fragt: Wer war's?
2. Folge

Tratschke fragt: Wer war's diesmal?
33 neue Rätsel

Thaddäus Troll
Kapuzinerpredigten. Für Sie und Ihn.

Ernst von Wildenbruch
Kindertränen
Mit Zeichnungen von L. Maierthaler

Zweistein
99 Logeleien

Zweistein
Neue Logeleien

Merian-Anekdoten
Band 1. *Urlaub auf der Wolke*
Mit 49 Zeichnungen von V. D. Heydorn

Merian-Anekdoten
Band 2. *Reise voller Wunder*
Mit 48 Zeichnungen von V. D. Heydorn

Merian-Anekdoten
Band 3. *Vergnüglicher Aufenthalt*
Mit Zeichnungen von V. D. Heydorn